GEMÜSLICH
PAPPSATT

MIX
Papier | Fördert gute Waldnutzung
FSC
www.fsc.org
FSC® C043106

Dieses Buch soll keine ärztlichen Empfehlungen ersetzen, widerrufen oder ihnen widersprechen. Die Informationen in diesem Buch sind allgemeiner Natur und werden ohne Garantie seitens des Verlags und der Autorin angeboten. Diese übernehmen keine Haftung für eventuell auftretende Schäden und Fehler, die durch die Verwendung des Buches auftreten.

Edition Kochen ohne Knochen

ISBN 978-3-95575-152-4
1. Auflage 2023

Layout und Rezeptfotografien: Lena Grabbe
Druck und Bindung: Grafisches Centrum Cuno, Calbe

Ventil Verlag, Boppstr. 25, D-55118 Mainz
www.ventil-verlag.de

Lena Grabbe

GEMÜSLICH PAPPSATT

VEGAN DURCH DEN TAG

ventil

INHALT

LECKERMÄULCHEN

REZEPTE

HALLÖCHEN

Schön, dass du mein Kochbuch in den Händen hältst! Ich bin Lena und habe mich schon im zarten Alter von zwei Jahren in der Küche ausgelebt und die Schublade neben dem Herd ausgeräumt, um mir eine bessere Sicht zu verschaffen. Zwar habe ich damals nur gelegentlich im Topf gerührt, es war dennoch der Beginn einer großen Leidenschaft fürs Kochen und Backen, der ich über die Jahre treu geblieben bin. Seit 2008 ernähre ich mich vegetarisch, mit einem veganen Fokus, und habe im Laufe der Jahre immer mehr Produkte tierischer Herkunft von meinem Speiseplan gestrichen. Ich möchte dich nicht bekehren, sondern dir zeigen, wie vielfältig und kreativ die Zubereitung von Gemüse sein kann.

In diesem Buch will ich dich mit dem Gemüseparadies vertraut machen. Ganz egal, ob die pflanzliche Küche neu für dich ist oder du nur ein paar Tipps mitnimmst.

In den letzten Jahren habe ich mich durch etliche Kochbücher und Zeitschriften gekocht und damit begonnen, meine eigenen Rezepte aufzuschreiben. Beim Nachkochen meiner Rezepte darfst du gerne auch experimentieren und Zutaten ergänzen oder gegen andere austauschen. Trau dich, du kannst nur an Erfahrung dazugewinnen. Du wirst auch ein paar Tipps und Anregungen von mir zwischen den folgenden Seiten entdecken.

Höre ich da etwa deinen Magen knurren?

AN DIE TÖPFE, FERTIG, LOS!

Nicht so schnell! Bevor es losgeht, möchte ich dich mit ein paar einfachen Prinzipien dieses Kochbuchs vertraut machen. Schließlich sollen deine Bemühungen beim Gemüseschnippeln und Kochen von größtmöglichem Erfolg gekrönt sein. Es gibt eine leicht verständliche Rezeptstruktur, dank derer die Zutaten fast von alleine in den Kochtopf hüpfen.

VARIATION, KOMBINATION, INFORMATION

Die Texte über den Rezepten beinhalten wissenswerte Informationen über einzelne Zutaten, Variationen für das jeweilige Gericht oder Vorschläge für Kombinationen von mehreren meiner Rezepte. Es ist also nicht verkehrt, vor dem Kochen einen Blick darauf zu werfen.

ZUTATEN, VORBEREITEN, UNTERTEILEN

Die Auflistung der Zutaten unterscheidet sich von vielen anderen Kochbüchern. Einfache Kochvorgänge, wie das Auspressen und Abreiben der Schale einer Zitrone oder das feine Würfeln einer Zwiebel, werden im Anleitungsteil nicht erwähnt, sondern sind mit einem Hinweis in der Zutatenliste vermerkt. Da viele Zutaten im Vorfeld vorbereitet werden können, hat dies den Vorteil, dass den Rezeptanleitungen mühelos gefolgt werden kann. Für den Fall, dass nur die Soße von einem Rezept oder eine von mehreren Rezeptvariationen umgesetzt werden soll, ist die Zutatenliste entsprechend unterteilt und gekennzeichnet.

KOMPAKT, NUMMERIERT, HERVORGEHOBEN

Neben der Nummerierung der einzelnen Rezeptschritte werden auch die Zutaten im Text für eine bessere Übersichtlichkeit optisch hervorgehobenen. An einigen Stellen ist zudem etwa die Rede von den „ersten fünf Zutaten“ der Zutatenliste. Dies ermöglicht prägnante Formulierungen und präzise Arbeitsschritte.

SAISON-KALENDER OBST UND GEMÜSE

● FREILANDANBAU ◐ LAGERWARE ○ NICHT VERFÜGBAR

APFEL

◐◐◐◐◐◐◐●●●◐◐
J F M A M J J A S O N D

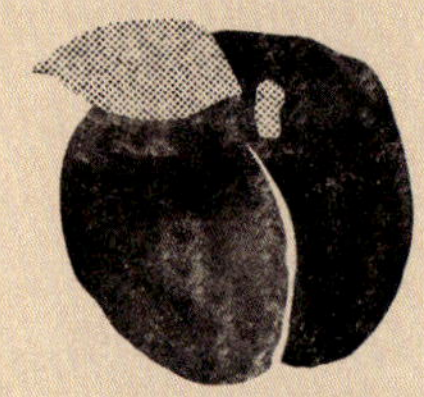

APRIKOSE

○○○○○○●●○○○○
J F M A M J J A S O N D

ARTISCHOCKE

○○○○○○●●●●○○
J F M A M J J A S O N D

DICKE BOHNEN

○○○○●●●●○○○○
J F M A M J J A S O N D

GRÜNE BOHNEN

○○○○○●●●●●○○
J F M A M J J A S O N D

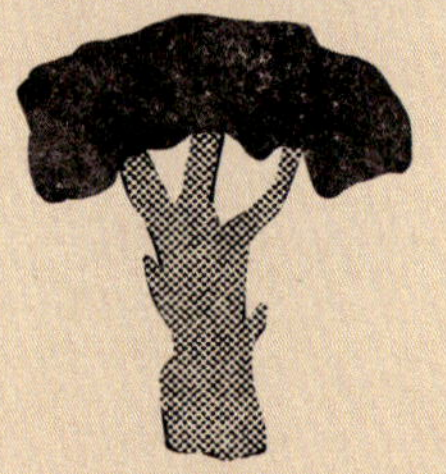

BROKKOLI

○○○○○●●●●●●○
J F M A M J J A S O N D

CHINAKOHL

●●◐◐◐●●●●●●●
J F M A M J J A S O N D

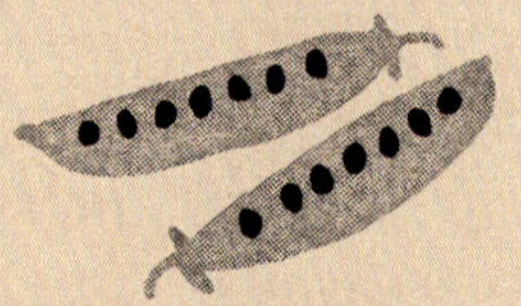

ERBSE

○○○○○●●●○○○○
J F M A M J J A S O N D

ERDBEERE

○○○○●●●○○○○○
J F M A M J J A S O N D

HAGEBUTTE

○○○○○○○○●●●●
J F M A M J J A S O N D

HEIDELBEERE

○○○○○●●●●○○○
J F M A M J J A S O N D

HIMBEERE

○○○○○●●●●○○○
J F M A M J J A S O N D

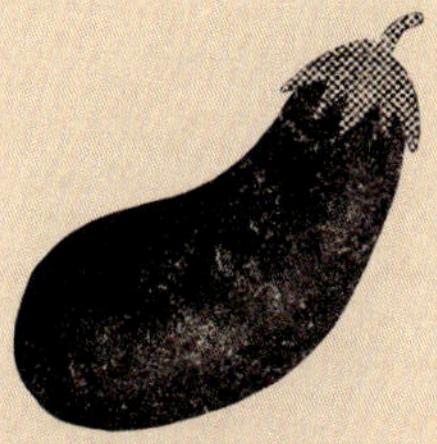

AUBERGINE

J	F	M	A	M	J	J	A	S	O	N	D
○	○	○	○	●	●	●	●	●	●	○	○

BIRNE

J	F	M	A	M	J	J	A	S	O	N	D
◐	○	○	○	○	○	●	●	●	●	◐	◐

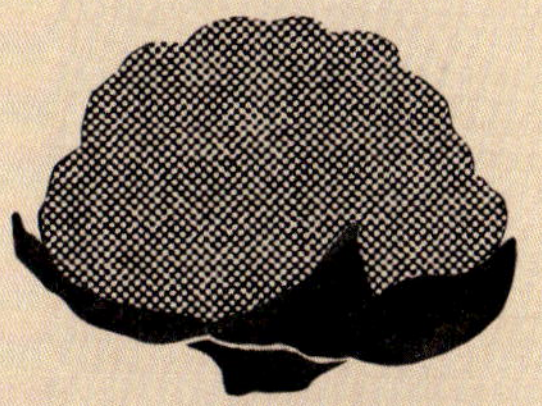

BLUMENKOHL

J	F	M	A	M	J	J	A	S	O	N	D
○	○	○	○	○	●	●	●	●	●	●	○

BROMBEERE

J	F	M	A	M	J	J	A	S	O	N	D
○	○	○	○	○	○	●	●	●	○	○	○

BUTTERNUT-KÜRBIS

J	F	M	A	M	J	J	A	S	O	N	D
◐	◐	◐	○	○	○	○	○	●	●	◐	◐

CHAMPIGNON

J	F	M	A	M	J	J	A	S	O	N	D
●	●	●	●	●	●	●	●	●	●	●	●

FENCHEL

J	F	M	A	M	J	J	A	S	O	N	D
○	○	○	○	○	●	●	●	●	●	●	○

FRÜHLINGSZWIEBEL

J	F	M	A	M	J	J	A	S	O	N	D
○	○	○	○	●	●	●	●	●	●	○	○

GRÜNKOHL

J	F	M	A	M	J	J	A	S	O	N	D
●	●	○	○	○	○	○	○	○	●	●	●

HOKKAIDO-KÜRBIS

J	F	M	A	M	J	J	A	S	O	N	D
◐	◐	○	○	○	○	○	●	●	●	◐	◐

HOLUNDERBEERE

J	F	M	A	M	J	J	A	S	O	N	D
○	○	○	○	○	○	○	●	●	○	○	○

HOLUNDERBLÜTE

J	F	M	A	M	J	J	A	S	O	N	D
○	○	○	○	●	●	●	○	○	○	○	○

JOHANNISBEERE

J F M A M J J A S O N D

KAROTTE

J F M A M J J A S O N D

KARTOFFEL

J F M A M J J A S O N D

KRÄUTERSEITLING

J F M A M J J A S O N D

MAIRÜBE

J F M A M J J A S O N D

MAIS

J F M A M J J A S O N D

MIRABELLE

J F M A M J J A S O N D

NEKTARINE

J F M A M J J A S O N D

PAK CHOI

J F M A M J J A S O N D

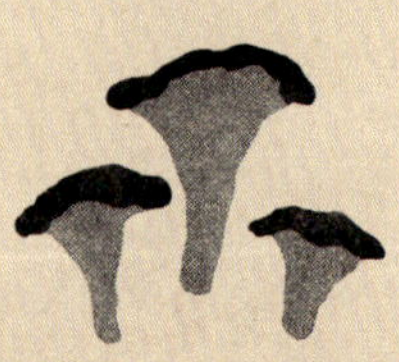

PFIFFERLING

J F M A M J J A S O N D

PFIRSICH

J F M A M J J A S O N D

PFLAUME

J F M A M J J A S O N D

KIRSCHE

J	F	M	A	M	J	J	A	S	O	N	D
○	○	○	○	○	●	●	●	○	○	○	○

KNOLLENSELLERIE

J	F	M	A	M	J	J	A	S	O	N	D
◑	◑	◑	◑	◑	●	●	●	●	●	●	●

KOHLRABI

J	F	M	A	M	J	J	A	S	O	N	D
○	○	○	○	●	●	●	●	●	●	○	○

MANGOLD

J	F	M	A	M	J	J	A	S	O	N	D
○	○	○	○	●	●	●	●	●	●	○	○

MAULBEERE

J	F	M	A	M	J	J	A	S	O	N	D
○	○	○	○	○	○	●	●	○	○	○	○

MEERRETTICH

J	F	M	A	M	J	J	A	S	O	N	D
●	○	○	○	○	○	○	○	○	●	●	●

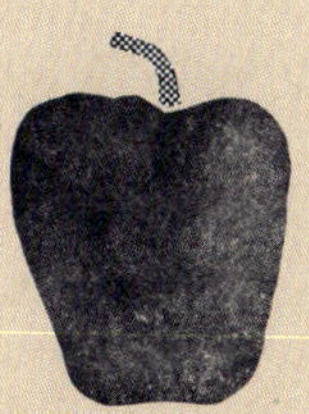

PAPRIKA

J	F	M	A	M	J	J	A	S	O	N	D
○	○	○	○	○	●	●	●	●	●	○	○

PASTINAKE

J	F	M	A	M	J	J	A	S	O	N	D
●	●	○	○	○	○	○	○	○	○	●	●

PETERSILIENWURZEL

J	F	M	A	M	J	J	A	S	O	N	D
●	●	○	○	○	○	○	○	○	○	●	●

PORREE/LAUCH

J	F	M	A	M	J	J	A	S	O	N	D
◑	◑	◑	◑	◑	◑	◑	●	●	●	●	●

QUITTE

J	F	M	A	M	J	J	A	S	O	N	D
○	○	○	○	○	○	○	○	○	●	●	○

RADIESCHEN

J	F	M	A	M	J	J	A	S	O	N	D
○	○	○	●	●	●	●	●	●	●	○	○

RETTICH

J	F	M	A	M	J	J	A	S	O	N	D
◐	◐	○	○	●	●	●	●	●	●	●	◐

RHABARBER

J	F	M	A	M	J	J	A	S	O	N	D
○	○	●	●	●	●	●	○	○	○	○	○

ROSENKOHL

J	F	M	A	M	J	J	A	S	O	N	D
●	○	○	○	○	○	○	○	○	●	●	●

SCHALOTTE

J	F	M	A	M	J	J	A	S	O	N	D
◐	◐	◐	◐	◐	◐	●	●	●	◐	◐	◐

SCHWARZWURZEL

J	F	M	A	M	J	J	A	S	O	N	D
◐	◐	◐	○	○	○	○	○	○	●	●	◐

SPAGHETTIKÜRBIS

J	F	M	A	M	J	J	A	S	O	N	D
◐	◐	◐	○	○	○	○	○	●	●	●	◐

STACHELBEERE

J	F	M	A	M	J	J	A	S	O	N	D
○	○	○	○	○	●	●	●	○	○	○	○

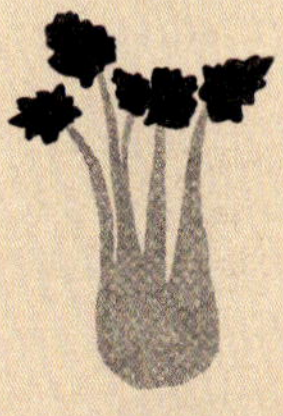

STAUDENSELLERIE

J	F	M	A	M	J	J	A	S	O	N	D
○	○	○	○	●	●	●	●	●	●	○	○

STECKRÜBE

J	F	M	A	M	J	J	A	S	O	N	D
●	●	○	○	○	○	○	○	○	○	●	●

WEINTRAUBEN

J	F	M	A	M	J	J	A	S	O	N	D
○	○	○	○	○	○	○	○	●	●	○	○

WEISSKOHL

J	F	M	A	M	J	J	A	S	O	N	D
◐	◐	◐	◐	◐	◐	◐	◐	●	●	●	◐

WIRSING

J	F	M	A	M	J	J	A	S	O	N	D
●	●	◐	◐	◐	●	●	●	●	●	●	●

ROTE BETE

◐ ◐ ◐ ○ ○ ○ ○ ○ ● ● ● ●
J F M A M J J A S O N D

ROTKOHL

◐ ◐ ◐ ◐ ● ● ● ● ● ● ● ◐
J F M A M J J A S O N D

SALATGURKE

○ ○ ○ ○ ● ● ● ● ● ○ ○ ○
J F M A M J J A S O N D

SPARGEL

○ ○ ○ ● ● ● ○ ○ ○ ○ ○ ○
J F M A M J J A S O N D

SPINAT

○ ○ ○ ● ● ● ● ● ● ● ○ ○
J F M A M J J A S O N D

SPITZKOHL

◐ ◐ ○ ○ ● ● ● ● ● ● ◐ ◐
J F M A M J J A S O N D

STEINPILZ

○ ○ ○ ○ ○ ○ ○ ● ● ● ○ ○
J F M A M J J A S O N D

SÜSSKARTOFFEL

○ ○ ○ ○ ○ ○ ○ ○ ● ● ○ ○
J F M A M J J A S O N D

TOMATE

○ ○ ○ ○ ○ ○ ● ● ● ● ○ ○
J F M A M J J A S O N D

Zucchini

○ ○ ○ ○ ○ ● ● ● ● ○ ○ ○
J F M A M J J A S O N D

ZWETSCHGE

○ ○ ○ ○ ○ ● ● ● ● ○ ○ ○
J F M A M J J A S O N D

ZWIEBEL

◐ ◐ ◐ ◐ ◐ ◐ ● ● ● ● ◐ ◐
J F M A M J J A S O N D

SAISON-KALENDER SALAT UND KRÄUTER

● FREILANDANBAU ◐ LAGERWARE ○ NICHT VERFÜGBAR

BÄRLAUCH

J	F	M	A	M	J	J	A	S	O	N	D
○	○	●	●	●	●	○	○	○	○	○	○

BASILIKUM

J	F	M	A	M	J	J	A	S	O	N	D
○	○	○	○	○	●	●	●	●	●	○	○

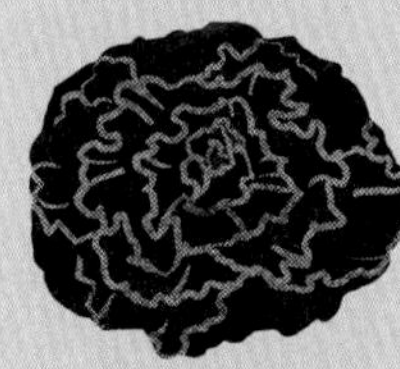

BATAVIASALAT

J	F	M	A	M	J	J	A	S	O	N	D
○	○	○	○	●	●	●	●	●	○	○	○

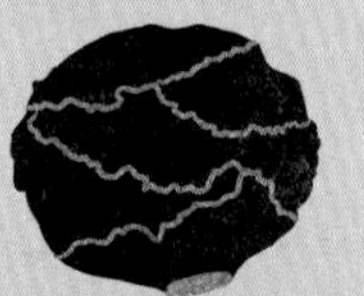

EISBERGSALAT

J	F	M	A	M	J	J	A	S	O	N	D
○	○	○	○	●	●	●	●	●	●	○	○

ENDIVIENSALAT

J	F	M	A	M	J	J	A	S	O	N	D
○	○	○	○	●	●	●	●	●	●	●	○

ESTRAGON

J	F	M	A	M	J	J	A	S	O	N	D
○	○	○	○	●	●	●	●	●	●	○	○

MAJORAN

J	F	M	A	M	J	J	A	S	O	N	D
○	○	○	○	○	●	●	●	●	○	○	○

MINZE

J	F	M	A	M	J	J	A	S	O	N	D
○	○	○	○	●	●	●	●	●	●	○	○

OREGANO

J	F	M	A	M	J	J	A	S	O	N	D
○	○	○	○	○	●	●	●	●	○	○	○

ROMANASALAT

J	F	M	A	M	J	J	A	S	O	N	D
○	○	○	○	●	●	●	●	●	●	●	○

ROSMARIN

J	F	M	A	M	J	J	A	S	O	N	D
●	●	●	●	●	●	●	●	●	●	●	●

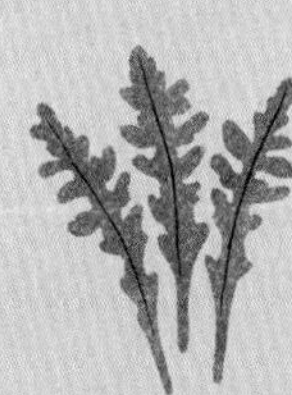

RUCOLA

J	F	M	A	M	J	J	A	S	O	N	D
○	○	●	●	●	●	●	●	●	●	●	○

CHICORÉE

J	F	M	A	M	J	J	A	S	O	N	D
●	●	●	◐	◐	◐	◐	◐	◐	●	●	●

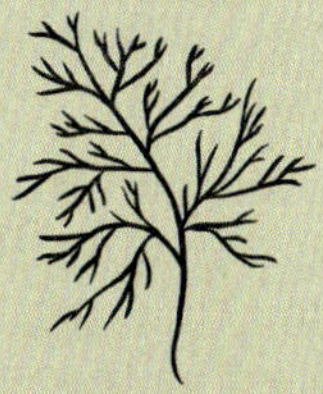

DILL

J	F	M	A	M	J	J	A	S	O	N	D
○	○	○	○	●	●	●	●	●	○	○	○

EICHBLATTSALAT

J	F	M	A	M	J	J	A	S	O	N	D
○	○	○	○	●	●	●	●	●	●	○	○

FELDSALAT

J	F	M	A	M	J	J	A	S	O	N	D
●	●	●	○	○	○	○	○	○	●	●	●

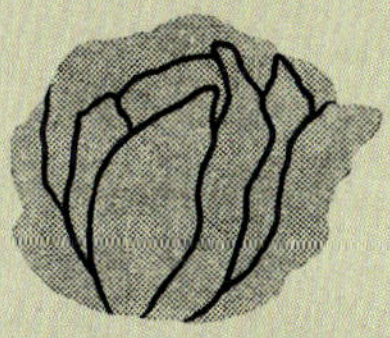

KOPFSALAT

J	F	M	A	M	J	J	A	S	O	N	D
○	○	○	○	●	●	●	●	●	●	○	○

LIEBSTÖCKEL

J	F	M	A	M	J	J	A	S	O	N	D
○	○	○	●	●	●	●	●	●	○	○	○

PETERSILIE

J	F	M	A	M	J	J	A	S	O	N	D
○	○	○	○	●	●	●	●	●	●	○	○

POSTELEIN

J	F	M	A	M	J	J	A	S	O	N	D
○	○	○	○	○	○	●	●	●	○	○	○

RADICCHIO

J	F	M	A	M	J	J	A	S	O	N	D
○	○	○	○	○	●	●	●	●	●	○	○

SALBEI

J	F	M	A	M	J	J	A	S	O	N	D
○	○	○	○	●	●	●	●	○	○	○	○

SCHNITTLAUCH

J	F	M	A	M	J	J	A	S	O	N	D
○	○	●	●	●	●	●	●	●	○	○	○

THYMIAN

J	F	M	A	M	J	J	A	S	O	N	D
○	○	○	○	●	●	●	●	●	●	○	○

FRÜHE FRÜCHTCHEN

Ingwer werden zahlreiche Heilwirkungen nachgesagt. Er stärkt das Immunsystem von innen heraus und ist ein hervorragender Begleiter bei Halsschmerzen und Erkältungen. Die Shots verleihen jedem Morgen den gewissen Kick.

MORGENSTUND-SHOTS

5 PORTIONEN [200 ml]

INGWER-ZITRONEN-SHOT

2 **Zitronen** [70 ml Saft auspressen]
2 **Äpfel** [grob zerkleinert und entkernt]
30 g **Ingwer** [geschält]
10 g **Kurkuma**

BIRNE-INGWER-SHOT

4 **Birnen** [grob zerkleinert und entkernt]
50 g **Spinat**
20 g **Basilikum**
20 g **Ingwer** [geschält]

MULTIVITAMIN-SHOT

2 **Orangen** [130 ml Saft auspressen]
2 **Karotten** [geschält und grob gehackt]
1 **Apfel** [entkernt und grob gehackt]
20 g **Ingwer** [geschält]

[Entsafter] Die jeweiligen Zutaten mit einem Entsafter/Juicer entsaften. Gekühlt sind die Shots für ca. 4–5 Tage haltbar.

[Mixer] Die jeweiligen Zutaten mit einem Mixer fein pürieren und den Saft anschließend durch ein Käsetuch, ein Geschirrtuch oder ein sauberes Wäschenetz pressen. Gekühlt sind die Shots für ca. 4–5 Tage haltbar.

Wenn dir der Smoothie zu grün schmeckt, kannst du den Obstanteil gerne erhöhen oder um weitere Obstsorten erweitern. Für den besonderen Crunch beim Löffeln sorgt das knusprige Zitronen-Müsli von Seite 33.

1 PORTION

2 Orangen [geschält und geviertelt]
100 g Mango [geschält und grob gewürfelt]
15 g Basilikum
4 g Ingwer [geschält]
30 g Brokkoli TK
80 g Spinat TK
50 ml Haferdrink
2 EL Leinöl

GRÜNE SMOOTHIE-BOWL

[1] Alle vorbereiteten Zutaten für 1-2 Minuten in einem Mixer cremig pürieren.

[2] Zum Servieren die Bowl beispielsweise mit übriggebliebenen Mangowürfeln, Bananenscheiben, Kakao-Nibs, Hanfsamen oder Granola toppen.

Für eine fruchtige Note können die Muffins auch mit einem Klecks Aprikosenmarmelade gegessen werden. Die Frühstücksmuffins können auch eingefroren werden und sind dann jederzeit griffbereit.

FRÜHSTÜCKSMUFFINS

1 PORTION

70 g Kürbiskerne [geröstet]
45 g Sonnenblumenkerne [geröstet]
4 EL Flohsamenschalen [gemahlen]
3 EL Mohn
250 g Apfelmus
100 ml Rapsöl
50 g Kokosblütenzucker
80 g Ahornsirup
40 g gepuffter Amaranth
100 g Kastanienmehl
2 TL Backpulver
1,5 TL Vanilleextrakt
1/2 TL Zimt
1/2 TL Salz
130 g Heidelbeeren TK

[1] Den Backofen auf 180 °C Ober-/Unterhitze vorheizen.

[2] Von den gerösteten **Kernen** 20 g für später zurückbehalten. Die restlichen Kerne mit den übrigen Zutaten bis auf die Heidelbeeren miteinander verrühren. Die tiefgefrorenen **Heidelbeeren** unterrühren.

[3] Ein Muffinblech mit zwölf Papierförmchen auskleiden, den Teig gleichmäßig verteilen und mit den übrigen Kernen bestreuen. Für 25–30 Minuten im vorgeheizten Ofen backen und anschließend auskühlen lassen.

Beide Rezeptvarianten lassen sich auch kalt als kleiner Beilagensalat oder als Wrap-Füllung zubereiten. Dafür die Avocados statt in Scheiben in Würfel schneiden, mit der Marinade oder der Salsa vermengen und das entsprechende Topping auswählen.

ZWEIERLEI GEFÜLLTE AVOCADO

1 PORTION

SKANDINAVISCH

1 EL Weißweinessig
1 EL Olivenöl
1 TL Ahornsirup
1 TL Dill [fein gehackt]
1 EL mittelscharfer Senf
1/4 TL Rauchsalz
1 Avocado [längs halbiert und den Kern entfernt]
70 g Gurke [geviertelt und in feine Scheiben geschnitten]
2 EL Röstzwiebeln

[1] Eine Marinade aus den ersten sechs Zutaten anrühren und die **Gurkenscheiben** mit der Marinade vermengen.

[2] Beide **Avocadohälften** mit den marinierten Gurkenscheiben füllen und bei 200 °C Umluft für 20 Minuten in einer Auflaufform im Ofen backen.

[3] Mit den **Röstzwiebeln** bestreuen und heiß servieren.

MEXIKANISCH

2 Tomaten [fein gewürfelt]
1/2 rote Zwiebel [fein gehackt]
1 TL Koriander [fein gehackt]
1 EL Olivenöl
40 ml Limettensaft
1 Prise Salz
1 Prise Pfeffer
1 Avocado [längs halbiert und den Kern entfernt]
2 EL Kokosjoghurt [vegan]
4 Tortilla-Chips [grob zerbrochen]

[1] Eine Salsa aus den ersten sieben Zutaten anrühren.

[2] Die beiden **Avocadohälften** mit der Salsa befüllen und bei 200 °C Umluft für 20 Minuten in einer Auflaufform im Ofen backen.

[3] Mit einem Klecks **Kokosjoghurt** und grob zerkleinerten **Tortilla-Chips** servieren.

Einfach etwas Müsli über Joghurt, Obst oder eine Bowl streuen. Für einen Frischekick und ein besonderes Aroma Basilikum in feine Streifen schneiden und auf dem Knuspermüsli verteilen.

8 PORTIONEN

KNUSPRIGES ZITRONENMÜSLI

100 g Mandeln [grob gehackt]
2 TL Zitronenabrieb
120 g Haferflocken Großblatt
2 EL Chiasamen
1/4 TL Ingwer [gemahlen]
1 Prise Salz
2 EL Olivenöl
3 EL Ahornsirup
2 EL Mandelmus

[1] Den Backofen auf 200 °C Ober-/Unterhitze vorheizen.

[2] Für das Müsli alle vorbereiteten Zutaten zusammenrühren und möglichst großflächig auf einem Backblech verteilen.

[3] Das Müsli für 12–15 Minuten bei 200 °C backen. Dann einmal durchrühren und für weitere 5 Minuten im Ofen goldbraun backen.

[4] Das knusprige Müsli auskühlen lassen und größere Klümpchen bei Bedarf zerteilen. Luftdicht verpackt hält sich das Müsli für mindestens 10 Tage.

Der Vanille-Chiapudding schmeckt auch mit den dunklen Chiasamen, jedoch leidet die Optik sehr darunter. Den Pudding kann man auch über Nacht im Kühlschrank quellen lassen, er muss dann am nächsten Tag nur noch püriert werden.

VANILLE-SCHOKO-CHIAPUDDING

4 PORTIONEN

SCHOKO-CHIAPUDDING
400 ml Haferdrink
60 g Chiasamen
2 EL Kakaopulver
2 EL Kokosblütenzucker

VANILLE-CHIAPUDDING
400 ml Haferdrink
80 g weiße Chiasamen
1 g Vanille [gemahlen]
2 EL Kokosblütenzucker

[1] Die entsprechenden Zutaten nur kurz miteinander verrühren und für mindestens 20 Minuten im Kühlschrank quellen lassen.

[2] Den Pudding pürieren, in Gläser füllen und bei Bedarf noch einmal kalt stellen.

Eine wirklich leckere und erfrischende Smoothie-Bowl, bei der man nicht einmal den Spinat herausschmeckt. Das Rezept lässt sich auch als erfrischendes Eis an heißen Sommertagen genießen. Dafür alle Zutaten bis auf den Haferdrink in einem leistungsstarken Mixer und mithilfe eines Stößels für wenige Minuten cremig pürieren.

1 PORTION

2 Bananen TK
60 g Spinat TK
2 EL Kakaopulver
50 g Erdnussmus
2 EL Hanfsamen
200 ml Haferdrink

ERDNUSS-SCHOKO-BOWL

[1] Die Bananen schälen, in grobe Stücke schneiden und über Nacht im Gefrierschrank einfrieren.

[2] In einem Mixer werden alle Zutaten für 1–2 Minuten zu einer luftig-cremigen Masse püriert.

[3] Für das Topping und den extra Crunch eignen sich Erdnüsse, Kakao-Nibs, grobes Salz, Bananenscheiben, ein Klecks Nussmus, Hanfsamen und etwas Kakaopulver.

[Tipp] Das Herzmuster ist ganz schnell und einfach umgesetzt. Dafür kleine Punkte aus mit Wasser verdünntem Nussmus in einem Kreis angeordnet setzen. Damit aus den Punkten Herzen werden, mit einem Zahnstocher in einem Zug die Punkte miteinander verbinden.

Spinat-Nuss-Smoothie – die perfekte Basis für deine eigenen Kreationen.
Erdbarber-Smoothie – ein säuerlicher Begleiter für heiße Sommertage.
Heidelkokos-Smoothie – erinnert an einen Urlaub unter Palmen.

1 PORTION

SMOOTHIE-DRILLINGE

SPINAT-NUSS-SMOOTHIE

2 Bananen TK
120 g Spinat TK
2 EL Erdnussmus
200 ml Haferdrink

ERDBARBER-SMOOTHIE

2 Bananen TK
160 g Rhabarber [geschält und grob zerkleinert]
120 g Erdbeeren TK
200 ml Haferdrink

HEIDELKOKOS-SMOOTHIE

3 Orangen [geschält und geviertelt]
100 g Heidelbeeren TK
100 ml Kokosmilch
100 g Eiswürfel

[1] Die Bananen schälen, in grobe Stücke schneiden und über Nacht im Gefrierschrank einfrieren.

[2] Die jeweiligen Zutaten in einem Mixer für 1–2 Minuten zu einem cremigen Smoothie pürieren.

[3] In ein Glas geben und genießen.

Schnell, einfach und lecker. Ein toller Nachtisch, der im Handumdrehen gemacht ist. Wenn gerade keine Erdbeersaison ist, kannst du auch auf andere Früchte zurückgreifen.

ERDBEEREN MIT BANANEN-CREME UND KNUSPERFLOCKEN

2 PORTIONEN

2 Bananen
1 **Zitrone** [1/2 TL Schale abgerieben, dann 1 EL Saft ausgepresst]
300 g **Sojajoghurt** [vegan]
1/4 TL **Vanilleextrakt**
200 g **Erdbeeren** [in 0,5 cm Scheiben geschnitten]

KNUSPERFLOCKEN

2 EL neutrales Kokosöl
2 EL Kokosblütenzucker
2 EL Ahornsirup
70 g Haferflocken Großblatt

2 Dessertgläser zum Servieren

[1] Für die süßen Knusperflocken das **Kokosöl** in einer kleinen Pfanne auf mittlerer Stufe zum Schmelzen bringen. **Kokosblütenzucker**, **Ahornsirup** und **Haferflocken** mit in die Pfanne geben. Die Haferflocken unter ständigem Rühren für zwei Minuten karamellisieren und anschließend auf einem Teller auskühlen lassen.

[2] **Bananen**, **Zitronenabrieb**, **Zitronensaft**, **Sojajoghurt** und **Vanilleextrakt** zu einer Creme pürieren.

[3] Die **Erdbeerscheiben** vorsichtig gegen die innere Wand der beiden Gläser drücken und mit einer Schicht Creme bedecken. Darauf folgen einige Knusperflocken, die ebenfalls mit der Creme bedeckt werden. Oben angekommen mit weiteren Knusperflocken und Erdbeeren garnieren.

Auf den ersten Blick klingt es vielleicht ein wenig absurd, aber die Süßkartoffel-Toasts schmecken auch mit süßem Belag wie Marmelade oder einem Schokoaufstrich köstlich.

2 PORTIONEN

SÜẞKARTOFFEL-TOAST

- 2 Süßkartoffeln [längs in 0,5–1 cm dicke Scheiben schneiden]
- 35 g weißes Mandelmus
- 1,5 EL Zitronensaft
- 1/2 TL Hefeflocken
- 1 Avocado [den Kern entfernen und in Scheiben schneiden]
- 1 TL Olivenöl
- 1 Prise Salz
- 1 Prise Pfeffer

[1] Die **Süßkartoffeln** nach Wunsch schälen und die Scheiben im Toaster auf höchster Stufe für 3–5 Durchgänge toasten. Mit einer Gabel kannst du testen, ob die Scheiben im Inneren weich sind.

[2] **Weißes Mandelmus**, **Zitronensaft** und 2 EL Wasser miteinander verrühren und die Süßkartoffelscheiben damit bestreichen. Die **Hefeflocken** für eine käsige Note auf die Creme streuen und den Toast anschließend mit den **Avocadoscheiben** belegen. Den unkonventionellen Süßkartoffel-Toast mit **Olivenöl** beträufeln und anschließend mit **Salz** und **Pfeffer** würzen.

FRÜHE FRÜCHTCHEN

Solltest du keine tiefgefrorenen Avocados zur Hand haben, kannst du diese mit einer frischen Avocado und ein bis zwei Handvoll Eiswürfeln ersetzen. Wenn meine Avocados in keinem Rezept eingeplant sind, friere ich sie, bevor sie zu weich werden, geschält und in Würfel geschnitten ein.

2 PORTIONEN

RÜBLIKUCHEN-BOWL

1 Avocado TK
2 Bananen TK
250 ml Karottensaft
1/4 TL Muskatnuss
1/2 TL Zimt
3 EL Kokosraspel
10 Walnüsse [grob gehackt]

CASHEWCREME
4 EL Cashewmus
2 EL Ahornsirup
2 EL Zitronensaft
60 ml Wasser

[1] Die Bananen schälen, in grobe Stücke schneiden und über Nacht im Gefrierschrank einfrieren.

[2] In einem Mixer werden für 1-2 Minuten die ersten fünf Zutaten zu einer cremigen Masse püriert.

[2] Die Zutaten der Cashewcreme in einer kleinen Schale anrühren. Dafür alle Komponenten so lange miteinander verrühren, bis sich das Wasser mit den restlichen Zutaten verbindet.

[3] Die Rüblikuchen-Bowl in zwei Gläser füllen und mit der Cashewcreme, den Kokosraspeln und den gehackten Walnüssen toppen.

Eine optisch wunderschön rot strahlende Beeren-Bowl, die du mit Spinat oder Grünkohl erweitern kannst – die Farbe wird allerdings darunter leiden. Mir sind die dunklen Leinsamen oft zu fischig im Geschmack, weshalb ich gerne auf Goldleinsamen zurückgreife.

FÜNF-BEEREN-BOWL

1 PORTION

50 ml Aroniasaft
15 g getrocknete Gojibeeren
60 g Himbeeren TK
60 g Heidelbeeren TK
60 g Brombeeren TK
1 TL Goldleinsamen
150 ml Mandeldrink

[1] Alle Zutaten in einem leistungsstarken Mixer für 1–2 Minuten cremig pürieren.

[2] Zum Servieren kann die Bowl mit Trockenfrüchten, verschiedenen Beeren, weiteren Goldleinsamen oder auch Bananenscheiben angerichtet werden.

KLITZEKLEINE KLEINIGKEITEN

Wenn man in einem Rezept von einer ganzen Knoblauchknolle liest, kommt einem das wie ein Fehler vor. Doch durch die im Rezept beschriebene Zubereitungsart im Ofen wird der Knoblauch ganz mild und verliert seinen aufdringlichen Charakter komplett. Die butterweichen Knoblauchzehen glänzen auch auf einer einfachen Scheibe Brot oder weiterverarbeitet in einer Knoblauchbutter.

KÜRBIS MIT MANGO-CHUTNEY

2 PORTIONEN

1 Knoblauchknolle
2 EL Olivenöl
1/2 TL Salz
1/4 TL Pfeffer
1 Hokkaido-Kürbis [entkernt und grob in mundgerechte Stücke geschnitten]
3 EL Olivenöl
1/3 TL Salz
1/4 TL Pfeffer
1/4 TL Zimt
2 Zweige Rosmarin

MANGO-CHUTNEY
1 Zwiebel [fein gehackt]
1 rote Chilischote [fein gehackt, wenn es weniger scharf sein soll: entkernt]
1 EL Olivenöl
300 g Mango [fein gewürfelt]
100 ml Apfelsaft
1 EL Apfelessig
1 TL Speisestärke
1/2 TL Salz
5 Blätter Minze [fein gehackt]

[1] Den Backofen auf 180 °C Ober-/Unterhitze vorheizen.

[2] Den oberen Teil der **Knoblauchknolle** knapp abschneiden, sodass jede Knoblauchzehe angeschnitten ist. Die Knolle mit **Olivenöl** beträufeln, dabei sollte jede Zehe benetzt sein. Anschließend mit **Salz** und **Pfeffer** würzen und den Knoblauch in ein Stück Alufolie wickeln und für 25 Minuten im Ofen backen. Anschließend abkühlen lassen.

[3] Den **Kürbis** mit **Olivenöl**, **Salz**, **Pfeffer** und **Zimt** in einer Auflaufform vermischen. Die Knoblauchzehen aus der papierdünnen Haut herausdrücken und zusammen mit den **Rosmarinzweigen** in die Form geben.

[4] Alles zusammen für weitere 25 Minuten bei 200 °C Ober-/Unterhitze im Ofen garen. Der Kürbis sollte noch Biss haben.

[5] Für das Chutney **Zwiebel** und **Chili** mit **Olivenöl** in einem Topf glasig dünsten. Die **Mango** hinzugeben und für weitere 10 Minuten bei mittlerer Hitze anschmoren. Das Chutney mit **Apfelsaft** und **Apfelessig** ablöschen. Jetzt 2 EL Wasser mit der **Speisestärke** und dem **Salz** anrühren und unter konstantem Rühren mit in den Topf geben. Sobald das Chutney angedickt ist, den Topf vom Herd nehmen und die **Minze** unterheben.

Es muss nicht immer die herkömmliche Knofi- oder Kräuterbutter sein. Die Gewürzbutter kann auf Brot verspeist werden oder zum Anbraten von Gemüse und Co. kreativ eingesetzt werden.

JE ~125 g

EIN HALBES DUTZEND GEWÜRZBUTTER

DREIERLEI KNOBLAUCH
125 g Margarine
5 Zehen schwarzer Knoblauch [alternativ 1 EL Miso]
1 Zehe Knoblauch
1 Knolle ofengerösteter Knoblauch [siehe Seite 51]

OLIVE ROSMARIN
125 g Margarine
8 Oliven [fein gehackt]
1 TL Rosmarin
1/2 TL Zitronenabrieb
1 Prise Salz

TOMATE OREGANO
125 g Margarine
1 EL Tomatenmark
3 getrocknete Tomaten [fein gehackt]
1/2 TL Oregano
1 Prise Salz

ZITRONE SCHNITTLAUCH
125 g Margarine
1 Zitrone [1/2 TL Schale abgerieben, dann 1/2 EL Saft ausgepresst]
1,5 EL Schnittlauch
1 Prise Salz

CHILI LIMETTE
125 g Margarine
1 Limette [1/2 TL Schale abgerieben, dann 1 TL Saft ausgepresst]
1/3 Chili [fein gehackt]

AHORN ZIMT
125 g Margarine
2,5 EL Ahornsirup
1/2 TL Zimt

[1] Frische Kräuter fein hacken. Je nach Rezept die vorbereiteten Zutaten mit einer Gabel verrühren(zimmerwarme Margarine lässt sich leichter verarbeiten).

[2] Die weiche Gewürzbutter mit einem Stück Backpapier oder Frischhaltefolie zu einer schönen Rolle formen und im Kühlschrank auskühlen lassen.

Von außen sind die Süßkartoffelpommes richtig kross und innen schön weich. Manchmal dippe ich meine knusprigen Pommes auch in Preiselbeermarmelade. Probiere es selbst mal aus.

KNUSPRIGE SÜßKARTOFFEL-POMMES

4 PORTIONEN

2 kg Süßkartoffeln
[in 1-2 cm dicke Stifte geschnitten]
100 g Speisestärke
1 EL Paprikapulver
Sonnenblumenöl
[zum Frittieren]
1 TL Salz
1 EL Petersilie
[grob gehackt]

[1] In einer großen Schüssel die **Speisestärke** mit 150 ml Wasser und dem Paprikapulver anrühren.

[2] Die **Süßkartoffelstifte** darin wenden und nach 5 Minuten in einem Sieb die überflüssige Stärkemischung abtropfen lassen. Nach kurzer Zeit trocknet die verbleibende Stärke sichtbar an.

[FRITTIERT] Einen Topf maximal zur Hälfte mit **Sonnenblumenöl** füllen und dieses auf 170 °C erhitzen. Sobald das Öl die Temperatur erreicht hat, die Süßkartoffelpommes darin für 8-10 Minuten frittieren.

[GEBACKEN] Etwas **Sonnenblumenöl** über die Süßkartoffelstifte geben und diese im Backofen, auf einem mit Backpapier ausgelegten Backblech, bei 250 °C Ober-/Unterhitze für 20-25 Minuten backen.

[3] Die fertigen Pommes nach Belieben **salzen** und mit der frischen **Petersilie** bestreuen.

Ein einfaches Rezept, welches sich vielfältig in der Küche einsetzen lässt. Das Zwiebel-Chutney schmeckt sehr lecker als herzhafter Brotbelag, unter Kartoffelstampf gerührt oder in Salaten und Suppen.
Ich bereite fast immer die doppelte Menge zu und friere einen Großteil ein. Wenn man einmal keine Lust oder Zeit hat, eine Zwiebel klein zu schneiden, kann man problemlos auf das Chutney zurückgreifen.

10 PORTIONEN

ZWIEBEL-CHUTNEY

500 g rote Zwiebeln
[fein gewürfelt]
2 EL Rapsöl
5 EL Ahornsirup
50 ml Aceto balsamico
1/2 TL Salz
1/4 TL Pfeffer

[1] Die **Zwiebelwürfel** mit **Rapsöl** in einer Pfanne bei mittlerer Hitze für wenige Minuten glasig dünsten. Den **Ahornsirup** dazugeben und die Zwiebeln für 2 Minuten karamellisieren lassen.

[2] Den Pfanneninhalt mit **Aceto Balsamico** ablöschen und so lange einkochen, bis ein Großteil der Flüssigkeit verdampft ist. Die Zwiebelmasse mit **Salz** und **Pfeffer** würzen.

[3] Das fertige Chutney in saubere Gläser mit Deckel füllen und nach dem Auskühlen bei Bedarf einfrieren.

Die Kroketten können alternativ auch mit dem leckeren Mango-Chutney von Seite 51 aufgetischt werden. Die fruchtigen Chutneys harmonieren auch mit frischen Sandwiches, Gemüse-Bowls und Dips.

KROKETTEN MIT BIRNEN-CHUTNEY

4 PORTIONEN

800 g festkochende Kartoffeln [geschält und grob in Stücke geschnitten]
1/2 TL Piment
1 Prise Pfeffer
1/4 TL Muskatnuss
2 EL Rapsöl
1/2 TL Paprikapulver

BIRNEN-CHUTNEY
1 Zwiebel [fein gehackt]
1 rote Chilischote [fein gehackt, wenn es weniger scharf sein soll: entkernt]
1 EL Olivenöl
250 g Birnen [entkernt und grob gewürfelt]
100 ml Birnensaft
1 EL Apfelessig
1 TL Speisestärke
1/2 TL Salz
30g oder 1/2 Bund Basilikum [fein gehackt]

[1] Die **Kartoffelstücke** in einem Topf mit Salzwasser gar kochen. Die Kochzeit variiert je nach Größe der Kartoffeln.

[2] Anschließend das Kochwasser abgießen und die Kartoffeln mit einem Kartoffelstampfer zerdrücken. Den Stampf mit **Piment**, **Pfeffer** und **Muskatnuss** würzen und abkühlen lassen.

[3] Als Nächstes die Kartoffelmasse mit den Händen zu kleinen Kroketten formen und auf ein mit Backpapier ausgelegtes Backblech legen. Die Kroketten dünn mit **Rapsöl** einpinseln, mit dem **Paprikapulver** bestreuen und für 30 Minuten bei 200 °C Umluft goldbraun backen.

[4] Für das Birnen-Chutney **Zwiebel** und **Chili** mit dem **Olivenöl** in einem Topf kurz andünsten. Die **Birnen** hinzufügen und für 10 Minuten bei mittlerer Hitze mit anschmoren.

[5] Das Chutney mit dem **Birnensaft** und dem **Apfelessig** ablöschen. Jetzt 2 EL Wasser mit der Speisestärke und dem Salz anrühren und unter Rühren mit in den Topf geben. Sobald das Chutney angedickt ist, den Topf vom Herd nehmen und den **Basilikum** unterheben.

Die „fischige“ Note bekommen die Karotten durch die Kombination von Nori-Alge und Rauchsalz. Der Karotten-Lachs kann auf Brot mit einer Schicht Frischkäse oder mit der Burger-Soße von Seite 118 verspeist werden und sollte bei keinem Sonntagsbrunch oder Sushiabend fehlen.

KAROTTEN-LACHS

5 PORTIONEN / 10 BEILAGEN

500 g Karotten
[längs in 1–2 mm dünne Scheiben gehobelt]

MARINADE
2 EL mittelscharfer Senf
2 EL Sojasoße
1 EL Ahornsirup
1 EL Apfelessig
2 Noriblätter
[fein zerbröselt]
1 Knoblauchzehe
[fein gehackt]
1/4 TL Rauchsalz
1 Prise Pfeffer
1 EL Dill

[1] Für die Marinade 2 EL Wasser mit den restlichen Zutaten anrühren und beiseitestellen.

[2] In einem Topf mit kochendem Wasser die **Karottenstreifen** für 2–3 Minuten garen und anschließend in einem Sieb abtropfen lassen.

[3] Die warmen Möhrenstreifen vorsichtig mit der Marinade vermischen und für mindestens zwei Stunden oder besser über Nacht im Kühlschrank ziehen lassen.

Zugegeben, das Entfernen der Kichererbsenhaut zählt zu den lästigeren Aufgaben in der Küche – jedoch lohnt sich der Aufwand. Durch das Entfernen der Haut wird der Hummus um ein Vielfaches feiner und cremiger in der Textur.
Das grüne Öl schmeckt nicht nur hervorragend zu Hummus, sondern kann auch zu Pastagerichten, Risotto, Suppen, Salaten oder einer Kugel Vanilleeis gereicht werden.

6 PORTIONEN

HUMMUS MIT GRÜNEM ÖL

HUMMUS
2 Dosen Kichererbsen [440 g]
130 g Tahin
30 g Eiswürfel
2 EL Zitronensaft
1 Knoblauchzehe
1 TL Salz
1 Prise Kreuzkümmel
1 TL Schwarzkümmel

[1] Die abgetropften Kichererbsen zwischen zwei Küchentücher legen und mit den Händen und leichtem Druck hin und her rollen. Durch die Reibung löst sich die dünne Haut der Kichererbsen und kann so entfernt werden.

[2] Die geschälten Kichererbsen in einen Topf geben und mit Wasser bedecken. Mit Salz und Kreuzkümmel würzen und alles für 10 Minuten köcheln lassen. Anschließend abgießen und etwas Kochwasser für später zurückbehalten.

[3] Alle Zutaten für das Hummus mit 3 EL Kochwasser und 1 Prise Salz im Mixer cremig pürieren. Bei Bedarf mit mehr Zitronensaft, Knoblauch, Salz oder Tahin abschmecken.

[4] Hummus mit dem grünen Öl (siehe unten) und Schwarzkümmel zu frischem Sauerteigbrot oder Gemüsesticks servieren.

GRÜNES ÖL
150 g Rapsöl
100 g Petersilie
50 g Bärlauch [optional getrocknet]

[1] Alle Zutaten für das Öl 5 Minuten im Mixer pürieren und anschließend in einem Kochtopf bei mittlerer bis hoher Hitze auf 90 °C erhitzen.

[2] Zum Filtern ein Käsetuch in ein feines Sieb legen oder das heiße Öl in einen Kaffeefilter gießen. Im Kühlschrank ist es für mindestens einen Monat haltbar.

IMMER SATT MIT BLATT

Der Kartoffelsalat eignet sich als leichte Beilage zum Grillen, da dieser ohne Mayonnaise zubereitet wird. Die gerösteten Kokoschips auf Seite 111 sind besonders lecker als knuspriges Salattopping.

4 PORTIONEN / 8 BEILAGEN

WÜRZIGER KARTOFFELSALAT

800 g festkochende Kartoffeln [mit Schale in 2 mm dünne Scheiben geschnitten]
2 rote Zwiebeln [fein gewürfelt]
1 EL Rapsöl
1 EL Kokosblütensirup
50 ml Weißweinessig
100 ml Gemüsebrühe
100 ml Gurkenwasser
160 g Gewürzgurken [in kleine Würfel geschnitten]
3 Frühlingszwiebeln [in feine Ringe geschnitten]
1 EL mittelscharfer Senf
1 TL Dill [fein gehackt]
2 EL Petersilie [fein gehackt]

[1] Die **Kartoffelscheiben** in Salzwasser für wenige Minuten gar kochen – die Kartoffeln sollten noch Biss haben und nicht zerfallen.

[2] Die **roten Zwiebeln** mit dem Rapsöl in einer großen Pfanne auf mittlerer Hitze glasig dünsten. Den **Kokosblütensirup** hinzugeben und die Zwiebeln für ein paar Minuten karamellisieren. Anschließend mit **Weißweinessig** ablöschen.

[3] Den Herd ausstellen und die restlichen Komponenten mit in die Pfanne geben.

[4] Die lauwarmen Kartoffeln in eine Salatschale geben und mit der warmen Marinade übergießen. Anschließend alles vorsichtig miteinander verrühren.

Saftig, frisch und knackig – genau der richtige Start für ein wohlschmeckendes Menü. Besonders kühlend und erfrischend wird der Salat, wenn die Äpfel vorher im Kühlschrank waren.

FRUCHTIGER SALAT MIT MOHN-DRESSING

2 PORTIONEN / 4 BEILAGEN

2 Äpfel [Granny Smith]
1 EL Zitronensaft
100 g Feldsalat
2 Frühlingszwiebeln [in feine Ringe geschnitten]
30 g Mandeln [gehobelt]

MOHN-DRESSING

1/2 EL Agavendicksaft
1/2 EL Senf
1 EL Weißweinessig
1 EL Olivenöl
1/2 TL Salz
1/4 TL Pfeffer
2 EL Mohn

[1] Das Dressing anrühren und zur Seite stellen.

[2] Die Äpfel fein würfeln und mit dem Zitronensaft beträufeln, um die Oxidierung zu unterbinden.

[3] Dressing und Äpfel unter den Feldsalat heben und mit Frühlingszwiebeln und gehobelten Mandeln toppen.

Dieser Salat basiert auf einem Rezept meiner Mutter und begleitet mich bereits seit meiner Kindheit. Immer wenn eine Kleinigkeit zu einem Fest beigesteuert werden sollte, kam dieser gern gesehene Nudelsalat zum Einsatz. Am Ende einer jeden Feier hat es immer nur die leere Schüssel mit nach Hause geschafft.

ASIA-NUDELSALAT

4 PORTIONEN / 8 BEILAGEN

500 g Nudeln [Trofie]
200 g Erbsen TK
1 EL Olivenöl
300 g Lauch [in 0,5 cm dicke Ringe geschnitten]
1 EL Schwarzkümmel
2 TL Curry
1 EL Sesam [geröstet]
60 ml Sojasoße
100 g Mayonnaise [vegan]
1 rote Paprika [in kleine Würfel geschnitten]
300 g Ananas [in mundgerechte Stücke geschnitten]

[1] Die **Nudeln** nach Packungsanleitung kochen. Kurz vor Ende der Garzeit die gefrorenen **Erbsen** für eine Minute mit der Pasta garen und gemeinsam abgießen.

[2] Das **Olivenöl** in einer Pfanne bei mittlerer Hitze erwärmen. **Lauch** und **Schwarzkümmel** hinzugeben und für 5 Minuten andünsten.

[3] In einer großen Schüssel **Curry**, **gerösteten Sesam**, **Sojasoße** und **Mayonnaise** miteinander verrühren. Die klein geschnittene **Paprika** und **Ananas** unterheben.

[4] Zuletzt alle Komponenten in der Schüssel vermengen und den Salat warm oder kalt verspeisen.

Ein leichter und würziger Gurkensalat, der sehr erfrischend an heißen Sommertagen ist. Der Salat ist eine tolle Beilage zum Grillen und kann auch schon einen Tag vorher vorbereitet werden.

4-6 BEILAGEN

KNACKIGER GURKENSALAT

2 Gurken [in feine Scheiben geschnitten]
2 Frühlingszwiebeln [in feine Ringe geschnitten]

DRESSING

1 EL Weißweinessig
1 EL Dill [fein gehackt]
1 EL Estragon [fein gehackt]
1 EL Schnittlauch [in feine Röllchen geschnitten]
2 EL Olivenöl
1 TL Kokosblütensirup
1 EL Zitronensaft
1 TL mittelscharfer Senf
1/2 TL Salz
1/4 TL Pfeffer

[1] Das Dressing für den Salat mit allen dafür vorgesehenen Zutaten anrühren und die **Gurkenscheiben** und **Frühlingszwiebeln** hinzufügen.

[2] Den Gurkensalat für mindestens eine Stunde kalt stellen, damit die Aromen Zeit haben, sich miteinander zu verbinden.

Die Salatsorte kannst du frei nach deinem Geschmack wählen, zum Beispiel Endiviensalat, Feldsalat oder Pflücksalat. Als Beilage passen sehr gut Pizzabrot oder Baguette.

2 PORTIONEN

PASTINAKEN-BIRNEN-SALAT

2 **Pastinaken**
1 EL **Rapsöl**
1 **Prise Salz**
1/4 TL **Pfeffer**
1 **Birne** [in kleine Stücke geschnitten]
200 g **Bataviasalat** [in mundgerechte Stücke gezupft]

BIRNEN-VINAIGRETTE
4 EL **Birnensaft**
1/2 EL **Weißweinessig**
1,5 EL **Olivenöl**
1/4 TL **Kokosblütenzucker**
1 **Prise Salz**
1 **Prise Pfeffer**

[1] Die **Pastinaken** schälen und mit einem Sparschäler in dünne Streifen hobeln.

[2] **Rapsöl** in einer Pfanne erhitzen und die Pastinakenstreifen darin bei mittlerer Hitze kurz anbraten. Dann mit **Salz** und **Pfeffer** würzen.

[3] Für die Vinaigrette alle Komponenten zusammenrühren oder kurz mit einem Pürierstab leicht schaumig aufschlagen.

[4] Den **Bataviasalat** mit der klein geschnittenen **Birne** und den Pastinakenstreifen auf zwei Tellern anrichten und mit der Vinaigrette beträufeln.

Der Quinoasalat ist ein beliebtes Mitbringsel bei Festen und Feiern und ist schnell gemacht. Da Koriander nicht für jeden etwas ist, kann dieser durch Petersilie ersetzt werden.

4 PORTIONEN / 8 BEILAGEN

BUNTER QUINOASALAT

300 g bunter Quinoa
1 rote Zwiebel [fein gehackt]
1 rote Chilischote [fein gehackt, wenn es weniger scharf sein soll: entkernt]
1 rote Paprika [in kleine Würfel geschnitten]
1 grüne Paprika [in kleine Würfel geschnitten]
350 g Tomaten [in kleine Stücke geschnitten]
1 Dose Kichererbsen [220 g]
1 Dose Mais [230 g]

KORIANDER-DRESSING

2 Limetten [60 ml Saft auspressen]
1 EL Kreuzkümmel
1/2 EL Koriander [gemahlen]
3 EL Olivenöl
1 TL Salz
1/2 TL Pfeffer
3 EL Koriander [fein gehackt]

[1] Die **Quinoa** waschen und in einem Topf mit 700 ml Salzwasser auf hoher Stufe zum Kochen bringen. Sobald das Wasser brodelt, den Herd auf mittlere Stufe zurückstellen und die Quinoa für 15 Minuten mit geschlossenem Deckel köcheln lassen.

[2] In der Zwischenzeit kann das Dressing für den Salat vorbereitet werden. Dafür alle Dressing-Zutaten in einer großen Salatschüssel anrühren.

[3] **Kichererbsen** und **Mais** in ein Sieb abgießen und mit dem restlichen geschnittenen Gemüse, der Quinoa und dem Dressing vermengen.

Der Salat ist ratzfatz zubereitet und kann mit frischer Minze oder geröstetem Sesam weiter verfeinert werden. Vor kurzem erst habe ich das Gewürz Piment d'Espelette kennengelernt – meine neue Geheimzutat für eine leckere Kräuterbutter.

COUSCOUS-SALAT MIT ORANGEN-TAHIN-DRESSING

2 PORTIONEN / 4 BEILAGEN

150 g **Perl-Cosucous**
1 Dose **Kichererbsen** [220 g]
100 g **Gurke** [in kleine Würfel geschnitten]
30 g **Rucola**
50 g **rote Zwiebel** [halbiert und in feine Streifen geschnitten]
1 **Orange** [geschält und in Scheiben oder kleine Stücke geschnitten]
1/4 Bund **Petersilie** [Blätter und Stängel fein gehackt]
10 g **Pistazien** [grob gehackt]

ORANGEN-TAHINI-DRESSING

2 **Orangen** [2 TL Schale abgerieben, dann 150 ml Saft ausgepresst]
1 **Knoblauchzehe** [gepresst oder fein gehackt]
2 EL **Tahin**
1/4 TL **Pfeffer**
2/3 TL **Salz**
1/4 TL **Piment d'Espelette** [alternativ ein mildes Chilipulver mit Paprikapulver edelsüß mischen]
1 TL **Weißweinessig**

[1] In einem Topf den **Couscous** mit 225 ml kochendem Wasser übergießen. Den Topf mit einem Deckel schließen und den Couscous für 10–15 Minuten ziehen lassen.

[2] Währenddessen das Dressing anrühren und anschließend mit dem gegarten Couscous und den **Kichererbsen** vermischen.

[3] Zum Servieren den Couscous auf einem Bett aus **Rucola** verteilen und nach Belieben mit den restlichen Zutaten schichten oder alles miteinander vermengen.

Postelein, auch Winterportulak oder Kubaspinat genannt, ist mein absoluter Lieblingssalat. Dieser Salat ist mild und leicht säuerlich im Geschmack und kann von September bis März im eigenen Garten gepflanzt werden. Gelegentlich ist er auch in Biomärkten zu finden.

FRISCHER SALAT MIT PILZEN UND BÄRLAUCH-DRESSING

2 PORTIONEN / 4 BEILAGEN

2 EL Olivenöl
300 g Kräuterseitlinge [in 1 cm dicke Taler geschnitten]
1 Prise Pfeffer
100 g Postelein
30 g Walnüsse [grob gehackt]

BÄRLAUCH-DRESSING

100 g Sojajoghurt [vegan, ungesüßt]
2 EL Weißweinessig
1 TL Senf
1 TL Agavendicksaft
1/2 TL Salz
100 ml Rapsöl
1 EL Bärlauch [getrocknet]

[1] Alle Zutaten für das Dressing, mit Ausnahme von Rapsöl und Bärlauch, in eine große Schüssel geben und mit einem Schneebesen schaumig schlagen. Unter ständigem Rühren langsam das Rapsöl in einem dünnen Strahl hinzugeben. Den getrockneten Bärlauch unterrühren. Alternativ einen Stabmixer verwenden und das gesamte Öl auf einmal zugeben.

[2] Im Anschluss das Olivenöl in einer Pfanne erhitzen und die geschnittenen Kräuterseitlinge bei mittlerer Hitze von beiden Seiten goldbraun anbraten und mit etwas Pfeffer würzen.

[3] Den Postelein-Salat mit den gebratenen Pilzen auf den Tellern anrichten, das Dressing darübergießen und den Salat mit den gehackten Walnüssen bestreuen.

LÖFFEL-
GLÜCK

LÖFFELGLÜCK

Die Cashewkerne sorgen für die Cremigkeit in der Suppe. Wenn du die Suppe lieber etwas schärfer möchtest, kannst du mit etwas Chili nachhelfen. Die Suppe kann ohne Bedenken um weitere Zutaten wie Karotten, Paprika, Kohlrabi, Lauch oder Äpfel ergänzt werden.

CREMIGE SELLERIE-FENCHEL-SUPPE

2 PORTIONEN

1 EL Rapsöl
1 rote Zwiebel [fein gehackt]
3 Knoblauchzehen [fein gehackt]
1 Fenchel [samt Fenchelgrün grob gehackt]
350 g Staudensellerie [grob gehackt]
100 g Cashewkerne [plus mehr zum Servieren]
1 EL Weißweinessig
500 ml Gemüsebrühe
1 Dose Kokosmilch [400 ml]
1 Prise Piment
1 Prise Muskatnuss
1/3 TL Salz
1/4 TL Pfeffer
1/2 Bund Petersilie [fein gehackt, plus mehr zum Servieren]

[1] Das **Rapsöl** in einem großen Topf auf mittlerer Stufe erwärmen und die gehackte **rote Zwiebel** und den **Knoblauch** darin andünsten.

[2] **Fenchel, Staudensellerie** und **Cashewkerne** zu den angebratenen Zwiebeln geben und für 5 Minuten scharf anbraten. Den Topfinhalt mit dem **Weißweinessig** ablöschen und mit **Gemüsebrühe** und **Kokosmilch** aufgießen.

[3] Die Suppe mit **Piment, Muskatnuss, Salz** und **Pfeffer** würzen und für 20 Minuten bei geringer Hitze köcheln lassen. Anschließend fein pürieren und die gehackte **Petersilie** unterrühren.

[4] Das Süppchen vor dem Servieren mit Petersilie und Cashewkernen garnieren.

Für eine fruchtige Note kann der Saft von 2–4 Orangen mit in die Suppe gegeben werden. Ingwer und Chili verleihen der Kürbissuppe einen besonderen Schärfekick.

HERBSTLICHE KÜRBISSUPPE

2 PORTIONEN

1 Hokkaido-Kürbis [halbiert]
2 EL Rapsöl
2 Zwiebeln [fein gehackt]
1 Knoblauchzehe [fein gehackt]
2 EL Aceto balsamico
1 L Gemüsebrühe
1/3 TL Zimt
1/2 TL Pfeffer
15 g Kürbiskerne
2 EL Petersilie [grob gehackt]

[1] Den Kürbis mit der Schnittfläche nach unten für eine halbe Stunde im Ofen bei 200 °C vorgaren. Anschließend können die beiden Kürbishälften problemlos entkernt und ohne großen Kraftaufwand in mittelgroße Stücke geschnitten werden.

[2] In einem großen Topf das **Rapsöl** erhitzen und die **Zwiebeln** auf mittlerer Hitze glasig dünsten. Den gehackten **Knoblauch** und die Kürbisstücke hinzugeben und für fünf Minuten mit anbraten.

[3] Zum Ablöschen den **Aceto balsamico** verwenden und das Suppengemüse anschließend mit der **Gemüsebrühe** aufgießen. Die Suppe mit **Zimt** und **Pfeffer** würzen und für 30 Minuten bei geringer Hitze köcheln lassen. Anschließend die Suppe fein pürieren und gegebenenfalls mit etwas Wasser verdünnen.

[4] In einer kleinen Pfanne ohne Öl die **Kürbiskerne** bei mittlerer Hitze rösten, bis diese ihr Aroma entfaltet haben. Die Kerne beim Anrichten mit der **Petersilie** über die Suppe streuen.

Das Kala-Namak-Salz enthält Schwefelverbindungen und erinnert daher an den Geruch von gekochten Eiern. Der Koriander lässt sich ohne Bedenken durch Petersilie ersetzen.

BOHNENSUPPE MIT SALSA

3 PORTIONEN

2 EL Rapsöl
3 Zwiebeln [fein gehackt]
2 Knoblauchzehen [fein gehackt]
1 rote Chilischote [fein gehackt, wenn es weniger scharf sein soll: entkernt]
2 rote Paprika [in kleine Würfel geschnitten]
250 g Staudensellerie [in kleine Würfel geschnitten]
2 Dosen Kidneybohnen [720 g inklusive Flüssigkeit]
1 TL Thymian
2 Lorbeerblätter
1 L Gemüsebrühe
3 EL Tomatenmark
1/2 TL Pfeffer
1/3 TL Kala Namak
1 Bund Koriander [fein gehackt]

SALSA

1 Limette [1/2 TL Schale abgerieben, dann 2 EL Saft ausgepresst]
1 TL Aceto balsamico
2 EL Olivenöl
1 Prise Salz
1 Prise Pfeffer
1 TL Koriander [fein gehackt]
300 g Tomaten [Kerngehäuse entfernt und fein gewürfelt]
1 rote Zwiebel [fein gehackt]

[1] Das **Rapsöl** in einen großen Topf geben und **Zwiebeln** und **Knoblauch** darin bei mittlerer Hitze glasig dünsten. **Chilischote**, **Paprika** und **Staudensellerie** für drei Minuten mit anbraten.

[2] Die **Kidneybohnen** samt Flüssigkeit dazugeben und mit **Thymian** und den **Lorbeerblättern** würzen. Den Topfinhalt mit der **Gemüsebrühe** aufgießen und für eine halbe Stunde köcheln lassen. Jetzt die Lorbeerblätter herausfischen und **Tomatenmark**, **Pfeffer** und **Kala Namak** unterrühren.

[3] Von der Suppe 1/3 abnehmen und den restlichen Teil pürieren. Anschließend den vorher entnommenen Teil der Suppe zusammen mit dem **Koriander** in die Bohnensuppe einrühren.

[4] Für die Salsa die ersten sechs Zutaten zu einem Dressing anrühren. Die geschnittenen **Tomaten** und die **rote Zwiebel** unterrühren und die fertige Suppe mit der Tomatensalsa garnieren.

Das Erbsenfrikassee ist ein richtiges Wohlfühlessen. Reicht man dazu Reis, werden auch vier Personen davon satt. Für einen aromatisierten Reis können verschiedene Aromen wie Zitronenschalen, Limettenschalen, Safran, Lorbeerblätter, Wacholderbeeren, Zimtstangen oder Knoblauch mit in das Kochwasser gegeben werden.

2 PORTIONEN

500 g Erbsen TK
80 g weißes Mandelmus
250 ml Haferdrink
100 g Räuchertofu
[fein gewürfelt]
2 EL Hefeflocken
3 EL Zitronensaft
1/4 TL Salz
1/4 TL Pfeffer
3 Blätter Minze
[fein gehackt]

ERBSENFRIKASSEE

[1] Die gefrorenen **Erbsen** für 3 Minuten in heißem Wasser blanchieren und mit kaltem Wasser abschrecken.

[2] In einem Topf bei schwacher Hitze **weißes Mandelmus** und **Haferdrink** mit einem Schneebesen verrühren. Den **Räuchertofu** hinzugeben und für wenige Minuten mitkochen.

[3] Den Topf vom Herd nehmen und die restlichen Zutaten unter das Frikassee heben.

Diese Suppe ist eine meiner Lieblingssuppen und kann mit wenigen Komponenten weiter verfeinert werden. Denn Kartoffelsuppe schmeckt mit Toppings aller Art wie Paprikastreifen, gebratenen Pilzen oder mit angebratenen veganen Aufschnittstückchen für eine deftige Note. In kleinen Gläschen angerichtet, ist die rustikale Bratkartoffelsuppe auch eine tolle Vorspeise eines vielversprechenden Menüs.

RUSTIKALE BRATKARTOFFELSUPPE

4 PORTIONEN

- 1 kg mehlig kochende Kartoffeln [geschält und in kleine Würfel geschnitten]
- 2 Zwiebeln [fein gehackt]
- 100 ml Rapsöl
- 200 ml Gemüsebrühe
- 50 g Dinkelmehl [Type 630]
- 700 ml Haferdrink
- 1 TL Majoran [fein gehackt]
- 1/3 Bund Petersilie [fein gehackt]
- 1 TL Salz
- 1/2 TL Pfeffer

[1] 4 EL von dem **Rapsöl** in einer Pfanne erhitzen und die **Kartoffeln** und die **Zwiebeln** darin scharf anbraten. Sobald die Kartoffeln goldbraun sind und eine schöne Kruste gebildet haben, werden diese mit der **Gemüsebrühe** abgelöscht und vom Herd genommen.

[2] Nun wird in einem großen Topf eine Mehlschwitze angesetzt. Dafür das restliche **Rapsöl** erhitzen und das **Dinkelmehl** mit einem Schneebesen bei durchgehendem Rühren für eine Minute einrühren. Schluck für Schluck und bei ständigem Rühren wird die Mehlschwitze mit dem **Haferdrink** aufgegossen, bis nichts mehr übrig ist und die Flüssigkeit angedickt ist.

[3] Die Bratkartoffeln gemeinsam mit den restlichen Zutaten in den Kochtopf geben und für mindestens 20 Minuten köcheln lassen. Bei Bedarf kann noch ein Teil der Suppe mit einem Kartoffelstampfer zerdrückt werden.

Das Risotto ist eine tolle Ergänzung zu den gängigen Rezeptvarianten wie Steinpilz-, Spargel- oder Tomatenrisotto. Statt der Cranberrys kann auch auf anderes Trockenobst wie getrocknete und klein geschnittene Aprikosenstücke zurückgegriffen werden.

CRANBERRY-RISOTTO

2 PORTIONEN

1 Zwiebel [fein gehackt]
2 EL Rapsöl
200 g Risottoreis
100 ml Weißwein
70 g getrocknete Cranberrys
750 ml heiße Gemüsebrühe
100 g Babyspinat
1 Prise Pfeffer
1 Frühlingszwiebel [in feine Ringe geschnitten]

[1] Die gewürfelte **Zwiebel** mit dem **Rapsöl** in einem Topf auf mittlerer Stufe glasig dünsten. Den **Risottoreis** für zwei Minuten mit andünsten und anschließend mit dem **Weißwein** ablöschen.

[2] Wenn der Weißwein verdampft ist, die **Cranberrys** hinzufügen und die **Gemüsebrühe** schöpfkellenweise dazugeben und verrühren. Sobald die Flüssigkeit komplett aufgenommen wurde, die nächste Kelle Brühe dazugeben und kontinuierlich rühren. Diesen Vorgang wiederholen, bis die Brühe aufgebraucht ist und der Reis bissfest gegart ist.

[3] Den Topf vom Herd nehmen und die restlichen Zutaten unter das Risotto heben.

Ingwer lässt sich am einfachsten schälen, wenn man einen Esslöffel zur Hand nimmt. Mit dem Löffel kann man die Haut ganz leicht abschaben.

INGWER-KOKOS-KAROTTEN-SUPPE

2 PORTIONEN

1 kg Karotten [in kleine Stücke geschnitten]
2 Zwiebeln [fein gehackt]
20 g Ingwer [fein gehackt]
1/2 rote Chilischote [fein gehackt, wenn es weniger scharf sein soll: entkernt]
2 EL Kokosöl
2 Orangen [1 TL Schale abgerieben, dann 150 ml Saft ausgepresst]
2 Dosen Kokosmilch [800 ml]
1/2 TL Currypulver
1/4 TL Salz
1/4 TL Pfeffer

[1] Die ersten vier Zutaten in einem großen Topf mit dem **Kokosöl** für ein paar Minuten bei mittlerer Hitze anbraten, sodass leckere Röstaromen entstehen.

[2] Das Suppengemüse mit dem **Orangensaft** ablöschen. Nun den Orangenabrieb, die **Kokosmilch** und die restlichen Gewürze hinzufügen.

[3] Den Deckel auf den Topf legen und die Suppe bei geringer Hitze für 15 Minuten vor sich hin köcheln lassen. Anschließend die gesamte Suppe oder nur einen Teil cremig pürieren und sie gegebenenfalls mit etwas Wasser verdünnen.

BÄREN-
HUNGER

Die Karottenpasta kann auch als Rohkostvariante zubereitet werden. Gemüsenudeln sind eine hervorragende Alternative zu traditioneller Pasta. Wenn du auf den Geschmack gekommen bist und in Zukunft öfters Nudeln aus Gemüse essen möchtest, würde ich dir die Anschaffung eines Spiralschneiders oder einen entsprechenden Aufsatz für die Küchenmaschine empfehlen. Gerade bei der Zubereitung von größeren Mengen sind diese Hilfsmittel ein Segen.

KAROTTENPASTA MIT NUSSPESTO

2 PORTIONEN

600 g Karotten
1 EL Rapsöl

NUSSPESTO
90 g Haselnüsse
70 g Walnüsse
130 ml Olivenöl
1 Zitrone [1 TL Schale abgerieben, dann 1 EL Saft ausgepresst]
1 Bund Petersilie
1 EL Ahornsirup
1/4 TL Salz
1/4 TL Pfeffer

[1] Für das Nusspesto **Haselnüsse** und **Walnüsse** in einer Pfanne ohne Öl unter ständigem Rühren anrösten. Die gerösteten Nüsse mit den restlichen Zutaten zu einem Pesto pürieren.

[2] Die **Karotten** schälen und mit einem Spiralschneider zu Spaghetti weiterverarbeiten. Alternativ werden mit einem Sparschäler aus den Karotten leckere Bandnudeln.

[3] Das **Rapsöl** bei mittlerer Hitze in einer großen Pfanne erwärmen und die Karottenpasta für 3–5 Minuten bissfest anbraten. Anschließend das Nusspesto unter die Pasta heben.

Wenn es zeitlich doch mal knapp wird, die Pierogi kochen, in etwas Öl wenden und luftdicht verschlossen im Kühlschrank aufbewahren.

GEBRATENE ROTE BETE MIT KARTOFFEL-QUARK-PIEROGI

4 PORTIONEN

PIEROGI

180 g **Dinkelmehl** [Type 630]
90 ml **Haferdrink**
35 g **Sojajoghurt** [vegan, ungesüßt]
1 TL **Olivenöl**
1 **Prise Salz**
2 **Gemüsezwiebeln** [in feine Ringe geschnitten]
250 g **mehlig kochende Kartoffeln** [in grobe Stücke geschnitten]
4 EL **Rapsöl**
80 g **Sojaquark** [vegan]
10 g **Petersilie** [fein gehackt]
1 **Prise Salz**
1 **Prise Pfeffer**
4 EL **Crème fraîche** [vegan]
2 EL **Schnittlauch** [in feine Röllchen geschnitten]

ROTE BETE

600 g **Rote Bete**
2 EL **Rapsöl**
50 g **Rohrohrzucker**
3 EL **Aceto balsamico**

[1] Für den Pierogi-Teig die ersten fünf Zutaten verkneten und abgedeckt im Kühlschrank für mindestens eine halbe Stunde ruhen lassen.

[2] Die Rote Bete in Folie wickeln und im Backofen bei 200 °C für 60–90 Minuten garen. Auskühlen lassen, schälen und in mundgerechte Stücke scheiden.

[2] Die **Gemüsezwiebeln** mit 2 EL **Rapsöl** in einer Pfanne bei mittlerer bis hoher Hitze für 5–10 Minuten anbraten, bis ein intensiver Braunton erreicht ist.

[3] Die **Kartoffelstücke** in einem Topf mit Salzwasser kochen oder dampfgaren. Die gegarten Kartoffeln zu einem feinen Stampf verarbeiten. 100 g der angebratenen Zwiebeln fein hacken. Kartoffelstampf und Zwiebeln mit **Quark**, **Petersilie**, **Salz** und **Pfeffer** zusammenrühren.

[4] Den Teig dünn ausrollen und Kreise mit einem Durchmesser von 7 cm ausstechen. Auf jeden Kreis einen gehäuften Teelöffel der Kartoffelfüllung geben und zu einem Halbkreis formen. Die Ränder mit den Fingern oder einer Gabel fest zusammendrücken.

[5] Die Pierogi portionsweise in kochendem Salzwasser kochen, bis sie oben schwimmen. Das dauert 2–4 Minuten. Herausnehmen und gut abtropfen lassen. Anschließend in einer Pfanne mit 2 EL **Rapsöl** von beiden Seiten goldbraun anbraten.

[6] Die **Rote-Bete**-Stücke in **Rapsöl** und **Rohrohrzucker** kurz anbraten und mit dem **Aceto balsamico** ablöschen.

[7] Die Pierogi mit der Roten Bete, den gebratenen Gemüsezwiebeln, der **Crème fraîche** und dem **Schnittlauch** servieren.

Anstelle der gewebten Gurkenblättern kannst du natürlich auch auf die gängigen Noriblätter zurückgreifen. Der Karotten-Lachs von Seite 61 macht sich sehr gut als Sushifüllung oder Beilage.

VERFLOCHTENES GURKEN-SUSHI

2 PORTIONEN

200 g Sushireis [gewaschen, bis das Wasser klar ist]
2 EL Reisessig
1 TL Rohrohrzucker
1/4 TL Salz
2 Gurken
4 EL Sojasoße

FÜR DIE FÜLLUNG
2 EL Frischkäse [vegan]
Etwas Kresse
1/4 Gurke [in dünne Stifte geschnitten]
1 Avocado [in dünne Stifte geschnitten]
1 Paprika [in dünne Stifte geschnitten]

[1] Den gewaschenen **Reis** in einem Topf mit 500 ml Wasser zum Kochen bringen. Sobald das Wasser kocht, den Herd ausstellen und den Topf mit geschlossenem Deckel auf der heißen Platte für 15 Minuten stehen lassen.

[2] **Reisessig, Rohrohrzucker** und **Salz** in einem Topf auf niedriger Stufe erwärmen, bis sich der Zucker aufgelöst hat. Den fertigen Reis in eine große Schüssel geben, den Würzessig vorsichtig unterheben und das Ganze abkühlen lassen.

[3] Die beiden **Gurken** mit einem Sparschäler in lange Streifen schneiden und anschließend in einem Quadrat, dessen Ausmaße durch die Länge der Gurkenstreifen bestimmt wird, miteinander verweben. Es sollten drei Gurkenblätter entstehen.

[4] Ein Gurkenblatt auf einer Bambusmatte platzieren und den Reis mit angefeuchteten Fingern in einer dünnen Schicht auf den unteren zwei Dritteln verteilen. Den **Frischkäse** aufstreichen, die **Kresse** darüberstreuen und die restlichen, in Stifte geschnittenen Zutaten in einer Linie parallel zur Rollrichtung platzieren. Den Vorgang mit den beiden anderen Gurkenblättern wiederholen.

[5] Mit Hilfe der Bambusmatte Rollen formen und diese mit einem scharfen, vorher in Wasser getunktem Messer in je 6–8 gleich große Stücke schneiden und mit der **Sojasoße** servieren.

Das Gemüse lässt sich nach Belieben austauschen. Daher eignet sich das Rezept hervorragend zur Resteverwertung.

WÄRMENDES CURRY MIT LIMETTENREIS

4 PORTIONEN

LIMETTENREIS

200 g Basmatireis
2 Limetten [1 TL Schale abgerieben, dann 3 EL Saft ausgepresst]
1/4 TL Salz

CURRY

2 Zwiebeln [fein gehackt]
3 Knoblauchzehen [fein gehackt]
2 EL Sesamöl
200 g Räuchertofu [in kleine Würfel geschnitten]
2 Paprika [in kleine Würfel geschnitten]
1 Brokkoli [in kleine Röschen geteilt]
1 Dose Kichererbsen [220 g]
2 Dosen Kokosmilch [800 ml]
2 EL Miso-Paste
2 EL Erdnussmus
1 TL Ingwer [gemahlen]
1/2 TL Currypulver
1/2 TL Bockshornklee
1/3 TL Kurkuma
1/4 TL Fenchelsaat [gemahlen]
1/4 TL Pfeffer

[1] Den **Basmatireis** gründlich waschen und in einem Topf zusammen mit der doppelten Menge an Wasser, Saft und Schale beider **Limetten** sowie **Salz** zum Kochen bringen. Sobald das Wasser kocht, den Herd ausstellen und den Reis auf der Herdplatte mit geschlossenem Deckel für 15–20 Minuten ziehen lassen.

[2] Für das Curry **Zwiebeln** und **Knoblauch** bei mittlerer Hitze in einer Pfanne mit dem **Sesamöl** glasig andünsten. Den **Räuchertofu** hinzugeben und diesen für 2 Minuten scharf anbraten.

[3] Das restliche Gemüse zusammen mit der **Kokosmilch**, der **Miso-Paste**, **Erdnussmus** und den Gewürzen dazugeben und das Curry für 10 Minuten köcheln lassen.

Alternativ kann das Gericht auch als Rohkostsalat oder mit Kohlrabi statt Zucchini zubereitet werden.

ZUCCHINIPASTA MIT AVOCADO UND TOMATE

2 PORTIONEN

1 Avocado
80 g getrocknete Tomaten [grob gehackt]
1 Knoblauchzehe [fein gehackt]
1/2 rote Chilischote [in feine Ringe geschnitten]
1 Prise Salz
1/4 TL Pfeffer
700 g Zucchini
1 EL Rapsöl

[1] Für die Pastasoße das Fruchtfleisch der **Avocado** mit einer Gabel zerdrücken. Die nächsten fünf Zutaten in das Püree einrühren.

[2] Die **Zucchini** mit einem Spiralschneider zu Spaghetti weiterverarbeiten. Alternativ werden mit einem Sparschäler aus der Zucchini leckere Bandnudeln.

[3] Das **Rapsöl** bei mittlerer Hitze in einer großen Pfanne erwärmen und die Zucchini-Spaghetti für 3–5 Minuten bissfest anbraten. Anschließend die Avocadocreme unter die Pasta heben.

Das Wasser von den Kichererbsen nicht wegschütten. Die proteinreiche Flüssigkeit ist auch unter dem Namen Aquafaba bekannt. Aquafaba lässt sich wie Eischnee in kürzester Zeit aufschlagen. Ich friere übriggebliebenes Aquafaba meist portionsweise ein. Bei Bedarf habe ich dann immer etwas zur Hand.

BLUMENKOHL SÜSS-SAUER MIT KOKOSCHIPS

3 PORTIONEN

1/2 TL Kreuzkümmel
1 TL Paprikapulver
1/4 TL Rauchsalz
1/4 TL Pfeffer
3 EL Ahornsirup
2 EL mittelscharfer Senf
2 EL Tomatenmark
1 Knoblauchzehe [fein gehackt]
1 rote Chilischote [fein gehackt, wenn es weniger scharf sein soll: entkernt]
1 Frühlingszwiebel [in feine Ringe geschnitten]
1 Dose Kichererbsen [220 g]
1 Blumenkohl [in kleine Röschen zerteilen]

CHIPS

1 TL Kokosöl [geschmolzen]
1 EL Sojasoße
1/2 TL Paprikapulver
1 EL Ahornsirup
1/4 TL Rauchsalz
1/4 TL Pfeffer
100 g Kokoschips

[1] Den Backofen auf 200 °C Umluft vorheizen.

[2] Die ersten sechs Zutaten für die Chips miteinander verrühren und die Kokoschips unterheben. Einen Backofenrost mit Backpapier auslegen und die marinierten Chips darauf verteilen. Bei 180 °C für 15 Minuten bei gelegentlichem Wenden knusprig backen und auskühlen lassen.

[3] Die Soße für den Blumenkohl aus den ersten sieben Zutaten mit 4 EL Wasser anrühren. Danach die restlichen fünf Komponenten in der Marinade schwenken.

[4] Die marinierten Blumenkohlröschen auf ein mit Backpapier ausgelegtes Backblech geben und im vorgeheizten Ofen bei 200 °C Umluft für 35–40 Minuten schön goldbraun backen. Vor dem Servieren den Blumenkohl mit den gerösteten Kokoschips toppen.

Tamarinden-Paste hat einen angenehm säuerlichen Geschmack und ist in gut sortierten Supermärkten in der Asia-Abteilung zu finden. Alternativ könnte man auch Zitronensaft mit etwas Kokosblütensirup anrühren.

FÄCHERKARTOFFELN MIT JOGHURT UND TAMARINDE

4 PORTIONEN

800 g kleine festkochende Kartoffeln [gewaschen]
4 EL Rapsöl
1/2 TL Salz
1/4 TL Pfeffer
3 Zweige Rosmarin
8 Zehen Knoblauch [grob gehackt]
2 rote Zwiebeln [in feine Ringe geschnitten]
1 TL Korianderkörner
1 TL Schwarzkümmel
200 g Sojajoghurt [vegan, ungesüßt]

TAMARINDEN-PASTE

2 TL Tamarinde
1 Prise Salz
1 TL Kokosblütensirup
1 TL Majoran [fein gehackt]

[1] Die **Kartoffeln** zwischen zwei Essstäbchen legen und mit einem Messer gleichmäßig einschneiden, sodass der Boden intakt bleibt. Dank der Stäbchen schneidet man die Kartoffeln nicht versehentlich durch.

[2] Auf einem Backblech die Fächerkartoffeln mit **3 EL Rapsöl, Salz** und **Pfeffer** würzen und sie anschließend bei 180 °C Umluft für 50 Minuten backen.

[3] **Rosmarinzweige** und **rote Zwiebelringe** mit dem restlichen Rapsöl vermengen. Mit den **Korianderkörnern** und dem **Schwarzkümmel** zu den Kartoffeln in den Ofen geben und für weitere 20–40 Minuten backen, bis die Kartoffeln gar sind.

[4] Für die Tamarinden-Paste alle Zutaten miteinander verrühren. Nach dem Backen die Kartoffeln damit beträufeln und mit einem Klecks **Joghurt** servieren.

Die herzhaften Waffeln sind ein hervorragendes Fingerfood. Der Teig kann sowohl in einem klassischen Waffeleisen als kleine Herzchen oder in einem belgischen Eisen ausgebacken werden. Selbst das Anbraten in einer Pfanne ist möglich.

HERZHAFTE WAFFELN MIT SAUERKRAUT UND TOMATENSALAT

4 PORTIONEN

HERZHAFTE WAFFELN

200 g mehlig kochende Kartoffeln [in grobe Stücke geschnitten]
250 g Dinkelmehl [Type 630]
2 EL Olivenöl
1/2 TL Salz
1/4 TL Pfeffer
1/4 Bund Petersilie [fein gehackt]
100 g getrocknete Tomaten [grob gehackt]

TOMATENSALAT

2 EL Olivenöl
2 EL Aceto balsamico
1 TL Kokosblütensirup
5 g Basilikum [fein gehackt]
1 Prise Salz
1 Prise Pfeffer
400 g Cocktailtomaten [geviertelt]

200 g Sauerkraut

[1] Die groben **Kartoffelstücke** in einem Topf mit Salzwasser kochen oder dampfgaren. Die Dauer ist hierbei von der Größe der Kartoffeln abhängig. Im Anschluss die gegarten Kartoffeln zu einem feinen Stampf weiterverarbeiten.

[2] Für die herzhaften Waffeln einen Teig aus den restlichen Zutaten und 300 ml Wasser anrühren und den Kartoffelstampf unterheben. Der Waffelteig sollte eine zähe, dickflüssige Konsistenz aufweisen. Bei Bedarf das Waffeleisen einfetten und die Waffeln jeweils für 5–8 Minuten knusprig backen.

[3] Ein Dressing aus **Olivenöl, Aceto balsamico, Kokosblütensirup, Basilikum, Salz** und **Pfeffer** anrühren und die geviertelten **Tomaten** unterheben.

[4] Vor dem Servieren die heißen Waffeln mit etwas Sauerkraut und dem Tomatensalat toppen.

Durch die rauchige Marinade nehmen die Karotten einen ganz neuen Geschmack an, welcher dem klassischen Bockwürstchen sehr nahekommt. Der Hotdog muss nicht immer traditionell mit Ketchup, Senf, eingelegten Gurken und Röstzwiebeln belegt sein. Auch klein geschnittene Frühlingszwiebeln, Kichererbsensalat, Jalapeños, Rotkohl oder Rote Bete machen sich hervorragend in einem Hotdog.

6 PORTIONEN

KAROTTEN-HOTDOGS

KAROTTENWÜRSTCHEN

2 Knoblauchzehen [fein gehackt]
3 EL Olivenöl
3 EL Sojasoße
2 EL Apfelessig
4 EL Ahornsirup
3 TL mittelscharfer Senf
1 TL Rauchsalz
3 TL Paprikapulver
6 Karotten

[1] In einer Auflaufform alle Zutaten bis auf die Karotten miteinander verrühren. Die Karotten gründlich waschen und mit der Marinade bedeckt im Kühlschrank für mindestens 1 Stunde kalt stellen.

[2] Die Auflaufform mit den Karotten für 25 Minuten bei 200 °C Umluft im Ofen goldbraun backen und gelegentlich mit der Marinade beträufeln.

[3] Nun das Hotdog-Brötchen mit dem Karottenwürstchen und Toppings nach Lust und Laune belegen.

HOTDOG-BRÖTCHEN

1/2 Würfel Hefe
1 EL Zucker
280 ml Haferdrink [lauwarm]
1 EL Olivenöl
1 TL Salz
400 g Dinkelmehl [Type 630]

[1] Für die Brötchen die Hefe mit dem Zucker und dem lauwarmen Haferdrink verrühren. Das Hefegemisch für ein paar Minuten beiseitestellen. Anschließend in einer großen Schüssel die restlichen Zutaten mit dem Hefegemisch für 10 Minuten zu einem geschmeidigen Teig kneten.

[2] Den Teig abgedeckt für 90 Minuten an einem warmen Ort gehen lassen und anschließend in 6 Teile aufteilen. Längliche Teiglinge formen und diese auf ein mit Backpapier ausgekleidetes Backblech legen. Die Brötchen mit einer kleinen Schale Wasser in den kalten Ofen schieben und bei 200 °C Ober-/Unterhitze für 20 Minuten backen.

Statt gekauften Brötchen kannst du für die Burger-Buns mein Brötchen-Rezept von Seite 117 nehmen. Den Teig hierfür zu 6 gleich großen Kugeln formen, diese leicht platt drücken und vor dem Backen mit Sesam bestreuen.

KICHERERBSEN-ROTE-BETE-BURGER

6 PORTIONEN

- 200 g Rote Bete [geschält und grob gewürfelt]
- 1 Dose Kichererbsen [220 g]
- 1 Zwiebel [grob gehackt]
- 1 Knoblauchzehe [grob gehackt]
- 1/2 EL Thymian
- 30 g Petersilie
- 1 EL Apfelessig
- 2 EL mittelscharfer Senf
- 1/2 TL Salz
- 1 Prise Pfeffer
- 120 g Haferflocken Kleinblatt
- 150 g Dinkelmehl [Type 630]
- Etwas Rapsöl
- 6 Burgerbrötchen

AGAVEN-SENF-SOßE

- 100 g Mayonnaise [vegan]
- 60 g mittelscharfer Senf
- 100 g Kokosjoghurt [vegan]
- 3 EL Agavendicksaft

[1] Die **Rote Bete** für 20 Minuten dampfgaren oder bis eine Gabel ohne Widerstand eingestochen werden kann.

[2] Die gegarte Rote Bete zusammen mit den folgenden neun Zutaten fein pürieren und die **Haferflocken** und das **Dinkelmehl** mit einem Löffel unterheben. Die Masse zu sechs Burgerpattys formen.

[3] Den Boden einer Pfanne mit **Rapsöl** bedecken. Sobald das Öl auf Temperatur ist, die Pattys bei mittlerer Hitze für 3-5 Minuten von beiden Seiten goldbraun anbraten.

[4] Für die Kokos-Senf-Soße einfach alle Komponenten miteinander verrühren.

[5] Die Burgerbrötchen nun mit den Pattys, der Soße und beliebigen weiteren Zutaten belegen.

Als Dip für Nachos eignet sich die käselose Soße ebenfalls hervorragend. Die käsige Note kommt durch die Zugabe der Hefeflocken zustande.

4 PORTIONEN

SPINAT-NUDELAUFLAUF

300 g Nudeln [Fusilli]
90 g Paniermehl
3 EL Olivenöl
2 EL Petersilie [fein gehackt]

SOßE
200 g Cashewkerne [für 2 Stunden in Wasser eingeweicht]
250 g Artischockenherzen [in Öl]
300 g Spinat
3 EL Hefeflocken
1/2 TL Salz
1/2 TL Pfeffer
1/4 TL Muskatnuss
150 ml Haferdrink
3 EL Zitronensaft

[1] In einem Mixer alle Zutaten für die Soße zu einer Creme pürieren.

[2] Die **Nudeln** nach Packungsanleitung kochen, unter die Soße heben und in eine Auflaufform füllen.

[3] Für das Topping **Paniermehl, Olivenöl** und **Petersilie** miteinander vermengen und über dem Auflauf verteilen. Diesen für 25 Minuten bei 180 °C Ober-/Unterhitze im Ofen knusprig backen.

Topf, Schneidebrett, Messer und Kochlöffel – mehr Abwasch fällt bei diesem praktischen One-Pot-Pastagericht nicht an. Klein geschnittene getrocknete Tomaten sind eine tolle Ergänzung für das Gericht.

ONE-POT-PILZPASTA

4 PORTIONEN

- 3 EL **Olivenöl**
- 2 **Zwiebeln** [fein gehackt]
- 3 **Knoblauchzehen** [fein gehackt]
- 500 g **braune Champignons** [geviertelt]
- 1 L **Haferdrink**
- 400 ml **Gemüsebrühe**
- 500 g **Pasta** [Farfalle]
- 1 **Zitrone** [1/2 TL Schale abgerieben, dann 2 EL Saft ausgepresst]
- 1/2 TL **Curry**
- 1 TL **Paprikapulver**
- 2 EL **Bärlauch** [getrocknet]
- 3 EL **Hefeflocken**
- 1/4 TL **Salz**
- 1/4 TL **Pfeffer**
- 2 TL **Stärke**
- 150 g **Babyspinat**

[1] In einem großen Topf **Zwiebeln** und **Knoblauch** mit dem **Olivenöl** für 4 Minuten bei mittlerer Hitze gold-braun anbraten.

[2] Die restlichen Zutaten und Gewürze außer Stärke, Spinat und Zitronenabrieb mit in den Topf geben und alles für ca. 15 Minuten, oder bis die Pasta al dente ist, kochen. Dabei den Deckel gekippt auf den Topf legen und gelegentlich umrühren, sodass nichts auf dem Boden anklebt.

[3] Für eine cremigere Soße zum Schluss die **Stärke** mit 4 EL Wasser verrühren und in die Pasta einrühren. Zuletzt den **Spinat** unterheben und mit **Zitronenabrieb** garnieren.

Ein etwas aufwendigeres Rezept, bei dem sich das Nachkochen lohnt. Dazu kann warmes Fladenbrot oder Baguette gereicht werden.

AUBERGINENTURM MIT KNOBLAUCH-DATTEL-CREME

4 PORTIONEN

3 Auberginen [längs in 2 cm dicke Scheiben geschnitten]
3 EL Salz
3 EL mittelscharfer Senf
75 ml Rapsöl
2 TL Apfelessig
2 TL Thymian
1/4 TL Pfeffer
60 g Granatapfelkerne
40 g Walnüsse [grob gehackt]

KNOBLAUCH-DATTEL-CREME

200 g Cashewkerne [für 2 Stunden in Wasser eingeweicht]
1 Knoblauchknolle
2 EL Olivenöl
1/4 TL Salz
1/4 TL Pfeffer
70 g Datteln [entsteint]
60 ml Haferdrink

[1] Den Backofen auf 180 °C Ober-/Unterhitze vorheizen.

[2] Für die Creme den oberen Teil der **Knoblauchknolle** knapp abschneiden, sodass jede Knoblauchzehe angeschnitten ist. Die Knolle mit **Olivenöl** beträufeln, dabei sollte jede Zehe benetzt werden. Anschließend mit **Salz** und **Pfeffer** würzen, den Knoblauch in ein Stück Alufolie wickeln und für 25 Minuten im Ofen backen. Danach auskühlen lassen.

[3] Nachdem der Knoblauch ausgekühlt ist, die Zehen vorsichtig aus der papierdünnen Haut herausdrücken und mit den eingeweichten **Cashewkernen** [abgegossen], den **Datteln** und dem **Haferdrink** glatt pürieren.

[4] Die **Auberginenscheiben** großzügig mit 1,5 EL **Salz** bestreuen. Nach 5–10 Minuten das Wasser und das überschüssige Salz mit einem Küchentuch abnehmen und den Vorgang auf der anderen Seite wiederholen.

[5] In einer Schüssel **Senf**, **Rapsöl**, **Apfelessig**, **Thymian** und **Pfeffer** miteinander verrühren und die Auberginenscheiben mit der Mixtur marinieren.

[6] Die Auberginen auf ein mit Backpapier belegtes Backblech geben und im Ofen bei 220 °C Ober-/Unterhitze für 20–25 Minuten backen, wenden und für weitere 20 Minuten garen.

[7] Zum Anrichten die Auberginenscheiben mit der Cashewcreme bestreichen und auf die gewünschte Höhe stapeln. Zum Schluss einige **Granatapfelkerne** und die gehackten **Walnüssen** darüberstreuen.

LECKER-
MÄULCHEN

Das Sommerfeeling kommt mit diesem Kühlschrankkuchen ganz bestimmt auch bei dir auf. Die Avocado-Limettencreme kann zum Löffeln auch in kleine Gläser gefüllt werden.

AVOCADO-LIMETTEN-TARTE

26 CM DURCHMESSER

90 g Kokosraspel
150 g Datteln
200 g Mandeln
1 TL Vanilleextrakt
5 Limetten [2 TL Schale abgerieben, dann 150 ml Saft ausgepresst]
4 Avocados [entkernt und geschält]
200 g Cashewkerne [für 2 Stunden in Wasser eingeweicht]
2 EL Ahornsirup
1/4 TL Salz
150 ml neutrales Kokosöl [geschmolzen]

[1] Für den Kuchenboden die ersten vier Zutaten mit dem Abrieb der **Limetten** zu einem krümeligen Teig pürieren.

[2] Den Teig in den Boden einer 26 cm großen Springform füllen, mit den Händen fest andrücken und kühl stellen.

[3] Für die Creme das Fruchtfleisch der **Avocado** mit den eingeweichten **Cashewkernen**, 150 ml **Limettensaft** und den restlichen Zutaten cremig pürieren. Die Masse auf den gekühlten Kuchenboden geben, glatt streichen und für mindestens 3 Stunden kalt stellen.

Außen schön kross und innen ganz weich. Der Teig ist schnell angerührt und für Groß und Klein ein Genuss.

WAFFELN MIT HEIDELBEERKOMPOTT

4 PORTIONEN

WAFFELN
350 ml Haferdrink
1 TL Apfelessig
50 ml Rapsöl
60 g Kokosblütenzucker
70 g Haferflocken
260 g Dinkelmehl [Type 630]
2 TL Backpulver
1 Prise Salz
30 g Apfelmus
1/2 TL Vanilleextrakt

HEIDELBEERKOMPOTT
1 EL Zitronensaft
300 g Heidelbeeren
2 EL Ahornsirup

[1] Für den Waffelteig den **Haferdrink** mit **Apfelessig** anrühren und für 5 Minuten zur Seite stellen, um eine pflanzliche Buttermilch herzustellen. Für den Teig die restlichen Zutaten unterrühren.

[2] Für das Heidelbeerkompott in einem kleinen Topf 2 EL Wasser und **Zitronensaft** zum Kochen bringen. **Heidelbeeren** und **Ahornsirup** hinzufügen und so lange kochen, bis die Heidelbeeren aufplatzen. Nun die Hitze reduzieren und das Kompott unter gelegentlichem Rühren köcheln lassen, bis es eindickt.

[3] Das Waffeleisen bei Bedarf einfetten und die Waffeln jeweils für ca. 3 Minuten darin knusprig backen.

[4] Die Waffeln mit heißem oder abgekühlten **Heidelbeerkompott** und frischen Beeren deiner Wahl genießen.

Flapjacks kommen aus England und sind normalerweise um einiges süßer. Die kleinen Kuchen sind im Handumdrehen gebacken und können auch mit anderen Beeren oder sogar mit tiefgekühlten Beeren zubereitet werden.

12 STÜCK

BROMBEER-FLAPJACK

3 EL Chiasamen
150 ml Haferdrink
100 g Cashewmus
70 ml Rapsöl
1 Banane [mit einer Gabel zerdrückt]
300 g Haferflocken Kleinblatt
4 EL Ahornsirup
1 Prise Salz
200 g Brombeeren

[1] **Chiasamen** und **Haferdrink** zusammenrühren und für fünf Minuten quellen lassen.

[2] Währenddessen die restlichen Zutaten bis auf die Brombeeren miteinander verrühren. Die aufgequollenen Chiasamen mit dem Teig vermengen und zuletzt die **Brombeeren** vorsichtig unterheben.

[2] Den Teig in eine 20 x 20 cm große Backform geben und möglichst glatt streichen. Den Haferkuchen im Ofen bei 180 °C Umluft für 30 Minuten backen, abkühlen lassen und in Quadrate schneiden.

Das Brownierezept kannst du auch um Walnüsse, Erdnüsse oder Schokostückchen ergänzen. Statt Kokosmehl und gemahlener Quinoa kann auch auf Dinkelmehl zurückgegriffen werden.

SÜẞKARTOFFEL-BROWNIES

12 STÜCK

BROWNIES
500 g **Süßkartoffeln** [in grobe Stücke geschnitten]
80 g **Datteln** [entsteint]
180 g Apfelmus
80 g Schokolade [zartbitter]
3 EL Kokosöl
100 g Kokosmehl
100 g Quinoa [zu Mehl gemahlen]
60 g Kakaopulver
1/4 TL Salz

SCHOKOGLASUR
3 EL weißes Mandelmus
2 EL Ahornsirup
2 EL Kakaopulver

[1] Die **Süßkartoffelstücke** dampfgaren. Die Garzeit ist von der Größe der Kartoffelstücke abhängig. Diese anschließend mit den **Datteln** und dem **Apfelmus** pürieren.

[2] Über einem Wasserbad die **Zartbitterschokolade** und das **Kokosöl** zum Schmelzen bringen.

[3] Die beiden Komponenten mit den restlichen Zutaten zu einem Teig verrühren und in eine 20 x 20 cm große, mit Backpapier ausgelegte Form füllen. Den Teig mit den Händen andrücken und für 25 Minuten bei 180 °C Ober-/Unterhitze backen.

[4] Für die Glasur die drei Zutaten zusammenrühren und über den noch warmen Brownie streichen. Diesen, sobald abgekühlt, in 12 gleich große Stücke schneiden.

Bei diesem Rezept gelingt selbst der berühmt-berüchtigte erste Pfannkuchen. Die Kombination mit Zucker und Zitrone habe ich in England kennengelernt, wo die beiden Zutaten traditionell das Topping bilden. Seitdem ist sie auch bei mir nicht mehr wegzudenken.

BRITISCHE ZITRONEN-ZUCKER-PFANNKUCHEN

12 STÜCK

PFANNKUCHEN
70 g Tapiokastärke
270 g Dinkelmehl [Type 630]
550 ml Haferdrink
1 TL Vanilleextrakt
50 g Zucker
1 Prise Salz
2 EL Margarine

TOPPING
50 g Rohrohrzucker
1 Zitrone [geviertelt]

[1] Für den Teig alle Zutaten bis auf die Margarine zusammenrühren.

[2] Etwas **Margarine** in einer Pfanne erhitzen und die Pfannkuchen bei mittlerer bis hoher Temperatur darin nacheinander beidseitig ausbacken.

[3] Zum Servieren etwas **Rohrohrzucker** über den Pfannkuchen streuen und diesen mit **Zitronensaft** beträufeln. Anschließend den Pfannkuchen zusammenfalten oder aufrollen.

Die Haferkuchen sind richtige Sattmacher und auch für ein schnelles Frühstück ideal, da sie bedenkenlos für mehrere Tage im Kühlschrank aufbewahrt werden können. Mit einem Apfel-Zimt-Topping schmecken die kleinen Haferkuchen ebenfalls köstlich.

10 STÜCK

SAFTIGE HAFERKUCHEN

1 EL **Chiasamen**
500 ml **Haferdrink**
3 EL **Kokosblütenzucker**
1 TL **Rapsöl** [plus mehr zum Ausbacken]
1 TL **Vanilleextrakt**
1 TL **Apfelessig**
120 g **Haferflocken Kleinblatt**
40 g **gepuffter Amaranth**
100 g **Dinkelmehl** [Type 630]
1 TL **Natron**
1/4 TL **Zimt**
1 Prise **Salz**

TOPPING
180 g **Sojajoghurt**
150 g **Beeren** [Himbeeren, Brombeeren, Blaubeeren]
50 ml **Ahornsirup**

[1] Die **Chiasamen** mit 3 EL Wasser verrühren und für wenige Minuten quellen lassen.

[2] Die gequollenen Chiasamen mit den restlichen Zutaten zusammenrühen und den Teig für 5 Minuten quellen lassen.

[3] Rapsöl in einer Pfanne erhitzen und etwas Teig hinein geben. Die Haferkuchen bei mittlerer Hitze auf beiden Seiten goldbraun anbraten und mit einem Klecks **Sojajoghurt**, **Beeren** deiner Wahl und **Ahornsirup** genießen.

äht, blüht selber auf.

Bitte nicht die Hoffnung verlieren, wenn die ersten Glückskekse nicht gelingen. Bei mir war das anfangs genauso, aber Übung macht den Meister. Kommt der Keks zu früh aus dem Ofen oder ist er zu dick, härtet er nicht vernünftig aus. Lässt man den Glückskeks hingegen zu lange im Ofen oder braucht zu lange beim Formen, zerbricht der Keks.

15 STÜCK

GLÜCKSKEKSE

90 ml Aquafaba
1 EL neutrales Kokosöl [geschmolzen]
1/2 TL Vanilleextrakt
1 Prise Salz
100 g Dinkelmehl [Type 630]
2 TL Speisestärke
80 g Rohrohrzucker

[1] Den Ofen auf 150 °C Umluft vorheizen und 15 Weisheiten auf 6 x 1 cm große Papierstreifen schreiben.

[2] **Aquafaba** mit einem Mixer für drei Minuten luftig aufschlagen. **Kokosöl**, **Vanilleextrakt** und **Salz** mit 1 EL Wasser unterheben. Die restlichen Zutaten sieben und vorsichtig unter die flüssigen Zutaten heben. Der Teig sollte die Konsistenz von dickflüssiger Kondensmilch haben.

[3] 1 EL Teig auf eine Dauerbackfolie geben [von normalem Backpapier löst sich der Teig nicht] und zu einem 8–10 cm großen Kreis ausstreichen. Maximal drei Kekse gleichzeitig Backen, da diese blitzschnell auskühlen und dann nicht mehr formbar sind.

[4] Die Kekse für 8–12 Minuten im Ofen backen, der äußere Rand sollte leicht goldbraun gebacken sein.

[5] Jetzt muss es schnell gehen. Löse den Keks mit einer Palette von der Backfolie und wende ihn. Eine der Weisheiten mittig auf dem Keks platzieren, diesen zu einem Halbkreis falten und zügig mit der geraden Seite über eine Tasse erneut falten, sodass die typische Glückskeksform entsteht.

[6] Platziere den Keks zum Auskühlen in der Mulde einer Muffinform oder in einer kleinen Schale.

Das Rezept für die Cupcakes entstand, als gerade zu viele Kürbisse im Haus waren. Die saftigen Küchlein überzeugen nicht nur im Geschmack, sondern auch mit ihrer schönen orangenen Färbung im Inneren.

KÜRBIS-SCHOKO-CUPCAKES

12 STÜCK

CUPCAKES
230 g **Kürbispüree**
75 ml **Rapsöl**
150 g **Kokosblütenzucker**
110 ml **Haferdrink**
6 EL **Flohsamenschalen** [gemahlen]
80 g **Schokolade** [zartbitter, grob gehackt, plus mehr fürs Topping]
100 g **Pekannüsse** [grob gehackt, plus mehr fürs Topping]
1/2 TL **Vanilleextrakt**
270 g **Dinkelmehl** [Type 630]
1 TL **Natron**
2 TL **Backpulver**

PUMPKINSPICE
2 TL **Zimt**
1 TL **Ingwer** [gemahlen]
1/4 TL **Muskat** [gemahlen]
10 **Pimentkörner**
1 **Nelke**

BUTTERCREME
150 g **Frischkäse** [vegan]
80 g **Margarine**
250 g **Puderzucker** [gesiebt]
1 **Vanilleschote** [das Mark herausgekratzt]

[1] Den Backofen auf 200 °C Ober-/Unterhitze vorheizen.

[2] Die Zutaten für das **Pumpkinspice** in einer kleinen Schale zusammenrühren.

[3] Für den Teig die Cupcake-Zutaten mit 3 TL **Pumpkinspice** verrühren.

[4] Ein Muffinblech mit zwölf Papierförmchen auskleiden und den Teig gleichmäßig über die Förmchen verteilen. Die Muffins für 25–30 Minuten im vorgeheizten Ofen backen und anschließend auskühlen lassen.

[5] Mit einem Rührgerät die Zutaten für die Buttercreme mit dem **Vanillemark** cremig rühren und in einen Spritzbeutel mit beliebiger Tülle füllen.

[6] Die Buttercreme auf die Muffins auftragen und diese nach Belieben weiter dekorieren.

Das Zimtbrot ist luftig weich und zart. Sollte das Brot nicht innerhalb weniger Stunden aufgeputzt sein, ist es auch nach ein bis zwei Tagen nicht trocken und noch genauso köstlich wie am ersten Tag.

ZARTES ZIMTBROT

EINE KASTENFORM

20 g frische Hefe
70 g Margarine
[weich und in grobe Stücke geschnitten]
50 g Zucker
160 ml Haferdrink
1/2 TL Salz
350 g Dinkelmehl [Type 630]
1 Prise Kurkuma

FÜLLUNG
20 g Margarine [geschmolzen]
2 TL Zimt
90 g Zucker

[1] Die **Hefe** mit 1,5 EL Wasser und 1 EL **Zucker** verrühren. Nach 15 Minuten das Hefegemisch mit den restlichen Zutaten für 10 Minuten mit einer Küchenmaschine geschmeidig kneten. Decke den Teig ab und lasse ihn für mindestens eine Stunde, oder bis er sich verdoppelt hat, an einem warmen Ort gehen.

[2] Den Teig zu einem 20 x 70 cm großen Rechteck ausrollen und mit der flüssigen **Margarine** bestreichen. **Zimt** und **Zucker** miteinander verrühren und gleichmäßig über den Teig streuen. Von der kurzen Seite wird dieser eng aufgerollt und in eine mit Backpapier ausgekleidete Kastenform gelegt.

[3] Den Hefeteig darin erneut für mindestens eine Stunde, oder bis er sich verdoppelt und eine schöne Kuppel geformt hat, an einem warmen Ort gehen lassen. Anschließend für 30–35 Minuten bei 180 °C Ober-/Unterhitze goldbraun backen.

[4] Das Brot in der Form auskühlen lassen, da es sonst leicht zusammenfallen kann.

Statt einem winterlichen Käsekuchen können auch sommerliche Geschmacksvarianten aufgetischt werden. Dafür mehr Orangen- oder Zitronenabrieb unter die Süßkartoffelfüllung rühren und auf das Chai-Gewürz verzichten.

WINTERLICHER SÜßKARTOFFEL-KÄSEKUCHEN

26 CM SPRINGFOM

200 g Walnüsse [geröstet]
240 g Datteln
60 g Haferflocken Kleinblatt
200 g Cashewkerne [für 2 Stunden in Wasser eingeweicht]
500 g Süßkartoffeln [dampfgegart]
1 Orange [1 TL Schale abgerieben, dann 70 ml Saft ausgepresst]
2 EL Flohsamenschalen [gemahlen]
1/2 TL Vanilleextrakt
50 g Ahornsirup
1/4 TL Salz
2 EL Zitronensaft
60 g Kokosöl [geschmolzen]

CHAI-GEWÜRZ

1 Nelke
4 Kardamomkapseln
1/4 TL Koriander [gemahlen]
1 Prise Muskatnuss
1/2 TL Zimt
1/2 TL Ingwer [gemahlen]

[1] Für den Kuchenboden die gerösteten **Walnüsse** fein mahlen. 150 g der **Datteln** separat pürieren und die gemahlenen **Walnüsse** und **Haferflocken** unterrühren.

[2] Den Teig in den Boden einer 26 cm großen Springform füllen, mit den Händen fest andrücken und kühl stellen.

[3] In der Zwischenteit die Zutaten für das **Chai-Gewürz** in einer kleinen Schale zusammenrühren.

[4] Für die Kuchenfüllung die restlichen Zutaten mit 1,5 TL **Chai-Gewürz** cremig pürieren. Anschließend die Masse auf den gekühlten Kuchenboden geben, glatt streichen und den Kuchen für mindestens 3 Stunden kalt stellen.

Das mühselige Platzieren der einzelnen Rhabarberstücke ist seinen Aufwand Wert, spätestens beim Stürzen des Kuchens weiß man, wieso es sich lohnt. Wenn das Backen aber doch einmal schneller von der Hand gehen soll, kann der Rhabarber auch wüst auf dem Boden der Form verteilt werden. Geschmacklich macht das keinen Unterschied.

RHABARBERKUCHEN STEHT KOPF

26 CM DURCHMESSER

500 g Rhabarber [geschält und in 2 cm große Stücke geschnitten]
80 ml Rapsöl
1 TL Vanilleextrakt
130 g Kokosblütenzucker
200 g Dinkelmehl [Type 630]
150 g Speisestärke
1 TL Backpulver
90 ml Aquafaba
1 EL Puderzucker

[1] Den Backofen auf 170 °C Ober-/Unterhitze vorheizen.

[2] Die **Rhabarberstücke** senkrecht auf dem Boden einer mit Backpapier ausgekleideten Springform anordnen.

[3] Für die Streusel zuerst **Rapsöl**, **Vanilleextrakt** und **Kokosblütenzucker** miteinander verrühren und danach **Dinkelmehl**, **Speisestärke** und **Backpulver** unterheben.

[4] **Aquafaba** mit einem Mixer für drei Minuten steif schlagen und vorsichtig unter den Teig heben. Den Kuchenteig auf dem **Rhabarber** verteilen und mit den Händen andrücken.

[5] Den Kuchen im vorgeheizten Ofen für 40 Minuten backen. Nach dem Backen den Rhabarberkuchen für 5 Minuten abkühlen lassen, auf eine Tortenplatte stürzen und vor dem Servieren mit **Puderzucker** bestreuen.

Das Energiekonfekt ist ein idealer Snack für zwischendurch, der schnell gemacht ist und sich für mindestens eine Woche im Kühlschrank hält. Ein Snack, den man ohne schlechtes Gewissen genießen kann.

15–20 STÜCK

ENERGIEKONFEKT-TRIO

ORANGEN-SCHOKO-KONFEKT

100 g **Haselnüsse** [geröstet]
2 **Orangen** [1 EL Schale abgerieben, dann 150 ml Saft ausgepresst]
200 g **Datteln**
4 EL **Kakaopulver** [plus 3 EL zum Einpudern des Konfekts]
80 g **Haferflocken**
1 **Prise Salz**

PB&J-KONFEKT

100 g **Datteln**
50 g **Haferflocken**
70 g **Erdnussmus**
30 g **Himbeeren** TK
1 **Prise Salz**

INGWER-HASELNUSS-KONFEKT

80 g **Haferflocken**
200 g **Datteln**
1 TL **Ingwer** [gemahlen]
80 g **Haselnüsse** [grob gemahlen]

[1] Für das jeweilige Konfekt die entsprechenden Zutaten pürieren. Jeweils 1 EL Teig zu einer Kugel formen.

[2] Das Konfekt luftdicht im Kühlschrank aufbewahren.

Der Klassiker für die Verwertung von reifen Bananen. Natürlich können die Walnüsse auch weggelassen oder durch andere Nüsse oder Schokostückchen ausgetauscht werden.

BANANENBROT

EINE KASTENFORM

60 ml Haferdrink
1 TL Apfelessig
350 g Bananen [ca. 4 Stück, plus 1 zum Dekorieren]
120 ml Rapsöl
1 TL Vanilleextrakt
1 TL Natron
1 TL Backpulver
1/4 TL Salz
90 g Walnüsse [grob gehackt]
250 g Dinkelmehl [Type 630]
60 ml Ahornsirup
2 EL Flohsamenschalen [gemahlen]

[1] Den Backofen auf 180 °C Ober-/Unterhitze vorheizen.

[2] **Haferdrink** und **Apfelessig** zusammenrühren und für 5 Minuten zur Seite stellen, um eine pflanzliche Buttermilch herzustellen.

[3] Die **Bananen** mit einer Gabel zerdrücken und mit den restlichen Zutaten vermengen. Den Teig in eine mit Backpapier ausgekleidete Kastenform geben und mit einer **Banane**, die der Länge nach halbiert wurde, belegen.

[4] Das Bananenbrot im Ofen bei gleichbleibender Temperatur für 75-90 Minuten goldbraun backen und gegebenenfalls eine Stäbchenprobe durchführen.

Die Kombination aus Schwarzkümmel, Roter Bete und Zartbitterschokolade ist etwas ungewöhnlich – jedoch harmonieren die Zutaten wundervoll miteinander. Die Rote Bete ist im Geschmack präsent, drängt sich dabei aber nicht in den Vordergrund.

26 CM DURCHMESSER

SCHOKO-ROTE-BETE-TARTE

TARTE

270 g Mehl [Type 630]
3 EL Kakaopulver
60 g Zucker
1/4 TL Salz
110 g Margarine [kalt und grob gewürfelt]

FÜLLUNG

250 g Schokolade [zartbitter]
1 EL Flohsamenschalen [gemahlen]
2 EL Kakaopulver [plus mehr zum Servieren]
1/4 TL Salz
100 g Cashewkerne [für 2 Stunden in Wasser eingeweicht]
1 TL Aceto balsamico
250 ml Hafermilch
150 g Rote Bete [vorgegart]
2 EL Schwarzkümmel

[1] Für den Boden der Tarte **Dinkelmehl, Kakao, Zucker** und **Salz** verrühren. Die **Margarine** mit den Händen in die Mehlmischung einarbeiten. Sobald die Margarine nicht mehr sichtbar ist, behutsam etwas kaltes Wasser [ca. 70 ml] dazugeben und solange kneten, bis sich der Teig zu einer Kugel verbindet. Luftdicht verpackt für 1–2 Stunden in den Kühlschrank legen.

[2] Den gekühlten Teig 4 mm dünn ausrollen und eine Tarteform oder alternativ eine Springform auskleiden. Die Form für 30 Minuten in den Kühlschrank geben und nach dem Kühlen abstehende Ränder entfernen und den Boden mit einer Gabel einpiksen.

[3] Den Ofen auf 180 °C Umluft vorheizen und den Boden für 20–25 Minuten backen. Währenddessen die **Zartbitterschokolade** über einem Wasserbad schmelzen. Den inneren Boden der Tarte dünn mit einem Teil der Schokolade einstreichen und diesen erneut kalt stellen.

[4] Die weiteren Zutaten bis auf den Schwarzkümmel pürieren. **Schokolade** und **Schwarzkümmel** unter die Masse heben und den Boden der Tarte damit befüllen.

[5] Die Tarte muss vor dem Anschneiden für mindestens 2 Stunden gekühlt werden. Vor dem Servieren diese mit etwas Kakaopulver bestäuben.

ZUTATENREGISTER

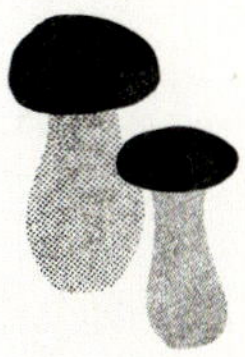

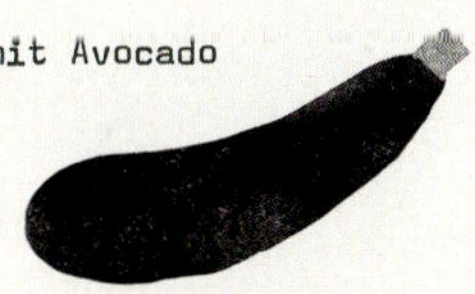

DANKESCHÖN

Kommt das Beste nicht bekanntlich immer zum Schluss? An dieser Stelle möchte ich mich bei meinen Eltern und meinem Hund Mogli bedanken. Danke Mama und Papa, dass ihr für mich alles Menschenmögliche möglich gemacht habt und ich die Küche tagtäglich im Chaos versinken lassen konnte. Ohne Eure Hilfe und Unterstützung wäre das Buch nicht ansatzweise so schön geworden.

Danke an das liebe Team vom Ventil Verlag, dass Ihr mir Euer Vertrauen geschenkt und mir in der Gestaltung vollen Freiraum gelassen habt. Vielen Dank an Jens, Uschi, Bene, Oliver und vor allem Brit, die mir mit Rat und Tat zur Seite stand.

Bei meinen Nachbarn und Freunden möchte ich mich ebenfalls bedanken, die mir Geschirr für die Fotos geliehen haben und meine zahlreichen Küchenexperimente gemeinsam mit mir verputzt haben.

Auch möchte ich mich für die vielfältige Stoffspende bei der Leinenfabrik [Segers und Sohn] in Steinhude bedanken.

Oje, fast hätte ich noch jemanden vergessen – Dich! Ich danke Dir von ganzem Herzen für Dein Vertrauen und freue mich, dass mein Kochbuch bei Dir zu Hause einziehen durfte. Es soll Dir treu zur Seite stehen und Dich tagtäglich neu inspirieren, aber vor allem eines: Dich wunschlos glücklich und satt machen.

Guten Appetit